困難な結婚

内田樹
Uchida Tatsuru

はじめに

みなさん、こんにちは。内田樹です。

今回は『困難な結婚』というタイトルの書物でお目にかかっております。この本、最初の予定タイトルは『街場の結婚論』というものでした。そのつもりで原稿を書いておりましたが、その前に別の出版社から『困難な成熟』という人生相談の本を出したものですから、それと混乱したのでしょう、合気道の門人のひとりが「先生の『困難な結婚』いつ出るんですか？　はやく読みたいなあ」と言ってきました。まわりにいた同門の人たちが「違うよ」とたしなめたのですが、僕はそれを聞いて「いいタイトルだなあ」とちょっと感心してしまいました。そして、彼のアイディアをそのまま頂いて、タイトルを替えることにしました。

でも、まさにその「言い間違い」通りで、この本に書いてあるのはほとんどが「結婚すること、結婚を継続することの困難さ」についてなのでした。

たしかに女性読者向けの週刊誌・月刊誌を徴《ちょう》すると、実に頻繁《ひんぱん》に「なかなか結婚できない」という話題と「結婚生活が苦しい」という話題が特集されています。実際にそうなんでしょう。でも、それほどまでにシステマティックに「結婚できない」「結婚生活が苦しい」ということが起きるというのは、「ちょっと変」だと思いませんか?

結婚という制度は人類史の黎明《れいめい》期から存在していたはずです（制度はいろいろに変遷《へんせん》しましたけれど）。集団の再生産という本来の趣旨からすれば結婚は「だいたい誰でもできるもの」のはずです。そうでなければ困ります。結婚できない人たちばかりや、結婚してもすぐに別れてしまう人たちばかりでは、三世代もすればその集団は再生産不能で滅亡してしまうでしょう。

ですから、本来結婚は「誰でもできる」を基準に制度設計されていたはずなのです（今の結婚困難が「地球の自然環境を守るために、人類のこれ以上の増加を停止させねばならないということで下された生態学的決断」の帰結であるという可能性も排除できませんが、そのようなスケールの大きい論件は残念ながら僕の知的力量を超えております）。

結婚と同じことが学校制度についても言えます。学校教育もまた数千年前から似た形態のものが存在しました。子どもたちに同族の成人たちが生きる知恵と技術を授けるということはどの集団でもやっていました。何も教えなければ子どもたちは餓死するか、異族に攻め滅ぼされるか、いずれにせよ悲惨な運命をたどったはずです。

もちろん、太古の学校は今僕たちが知っているものとはずいぶん違うかたちのものだったでしょう。でも、そこでもまた「誰でも先生になれる」ということが基本だったはずです。ある程度以上の社会的能力がなければならないとか、教員免状がなければ教えられないというような縛りがかけられていたら、その条件を満たす人物が当該集団内部に不足していた場合は、運の悪い子どもたちは教育しないで放置されてもしかたがないということになるからです。そんなことが許されるはずがない。

「それなしでは集団が立ちゆかない」というような根源的に重要なことは「誰でもできる」という条件で制度設計されている。僕はそう思っています。だから、教えることも、結婚することも、子どもを育てることも、「誰でもできる」のでなければならない。

今、結婚が「困難」であるのは、その根本のところの「とてもたいせつなものだからこそ誰にでもできるのでなければならない」ということが見落とされているからではないか、僕は何となくそんな気がしています。

もちろん、「結婚は容易である」とは申しません（そんなこと言えるわけがない）。でも、「結婚はこんなふうにいろいろたいへんだけれど、それが『ふつう』だからあまり気にすることはないですよ」というくらいのことは申し上げられるのではないか。これは、そういう趣旨で書かれた本です。

周囲の男性既婚者たちは、全員が「『困難な結婚』というタイトルの本だったらぜひ読みたい」と言ってくれました。よほどしみじみとした実感があるんでしょうね。でも、それに続けて「でも、そんなタイトルの本、家の本棚には置けないです……妻に『この本、どういうこと？　私との結婚生活がそんなに苦しいの？』って問い詰められたらどうするんですか」と青ざめた顔で言っておりました。

なるほど。そうですよね。じゃあ、どうでしょう。奥さんに見つからないように、どこかに隠しておいてそっと読んだらどうですか？　それに、奥さんの方だって『困難な結婚』というタイトルの本を本屋で見かけたらやはり手に取るんじゃないでしょうか。そしてご夫君とは違って、その本をさりげなくリビングのテーブルの上にこれみよがしに置いておく……。なんか、そういうこと、ありそうですよね。そして、それだと一家で二冊お買い上げということになり、営業的にはたいへん好ましい。

ということで、このような挑発的なタイトルになったのでした。


この本、もともとは何年も前にある編集者が企画したインタビューが原型になっています。その編集者が自分の結婚のときに「引き出物」として出したいということでお祝い代わりにインタビューに応じたのですが、そのとき予定されていた結婚が破談ということになり（結婚、たしかに困難です）、そのまま原稿が宙に浮いてしまっていたのです。

このたびアルテスの鈴木茂君が「あれ、出しませんか」と提案してくれたので、筺底《きょうてい》に眠っていた旧稿の埃《ほこり》を払って、だいぶ加筆してこういうかたちにすることになりました。

ですから、基本は「Q＆A」です。率直に言って、Qの方はかなり定型的です。同じような質問が繰り返し出て来ます。僕の答えに応じて、さらにQが深まり、話頭は転々として奇を究《きわ》める……というような展開には残念ながらなりませんでした。

でも、それだけ結婚を前にした若い人の抱えている問題は重く、深いということだと僕は思います。年長者からのアドバイスくらいではは簡単にその不安や懸念は払拭《ふっしょく》できない……ということだと思います。

ある意味でQは全部同じようなことを訊ねており、僕のAもじつは全部同じことを答えている。

そうなのかも知れません。僕の方はそのつど喩《たと》えを替えたり、さまざまな具体例を列挙したりしていますけれど、結局はひたすら「同じこと」を手を替え品を替えて申し上げております。ですから、読者のみなさんはこの本をどの頁から読み始めても構いません。

僕がこの本を書いた唯ひとつの理由は、結婚する前の人たちが読めば「結婚したくなる」ということであり、すでに結婚している人たちが読めば「結婚生活が気楽になる」ということです。

そういう遂行的な目的のために書いた本ですので、言っていることが「正しい」とか「間違っている」というレベルで判定されては困ります。読んだ後のご自身の「気分」でご判断ください。

みなさんの結婚生活のご多幸を心より祈念しております。

困難な結婚——目次

夫婦間コミュニケーションを巡る諸問題について 179

こうすれば結婚できる
（あるいは、あなたが結婚できない理由）

「もっといい人」は現れません

なかなかいい人が見つかりません。どうしたら自分に合う、良い結婚相手と出会えますか？

「迷っているなら止めなさい」は正しい？

だいぶ前に、釈徹宗《しゃくてっしゅう》先生「大阪の如来寺（浄土真宗本願寺派）住職」と合同で〝プロジェクト佐分利信《さぶりしん》〟というお見合いプロジェクトをやっていました。

佐分利信という俳優は小津安二郎の映画『秋日和』や『彼岸花』で、若い女の子を見ると「のりちゃん、いくつになったんだい。ほう、24か。じゃあ、もう結婚しなきゃだめだな。どうだ、ちょうどいいのがいるんだ。見合いしないか」とうるさくおせっかいするおじさんです。

そういうおせっかいなおじさんおばさんが世の中から払底《ふってい》したせいで、若い人たちの結婚機会が減殺《げんさい》したのではないかと考えた僕がご提案して、釈先生もすぐに乗ってくれました。僕が計6回、釈先生もたぶん同じくらいの数の見合いをセッティングしたはずです。

驚くべきことに、そのすべてが不成立に終わりました。自分から「結婚したい」という人同士を会わせてるのに、これがなかなかうまくいかない。

さすがに6回失敗すると、もうこういうのは無効なのかなと思うようになりました。

最後の回では、紹介した女の子のお母さんから「お断りします」って手紙が来ました。紹介した男性は学歴も、仕事も、人間性も申し分ないと思ってお薦めしたんですけれど、見合いした女性ご本人が「どうしようかなあ」と迷っていたら、お母さんが「迷うならやめときなさい」って決めたそうです。ご自分が結婚するみたいなつもりで相手を選んでしまっている。

これは昔の見合いのときと逆ですね。

昔は「迷っているなら、嫌いっていうわけじゃないのよね？　じゃあ、式場とかいろいろ手配があるから決めるわよ。いいわね」と『晩春』における杉村春子的なおばさんがどんどん決めてしまったんですけれど（小津安二郎の映画を観ていない人にはわかりにくい喩《たと》えが続いてすみません）、今はそうもゆきません。

「迷っているなら、止めなさい」的発言をするお母さんは今はけっこう女性の側に多いみたいです。たぶん結婚に自分の「果たしえぬ夢」があって、それを娘に投影してるんでしょう。だから、「こんなところで手を打っちゃだめ」みたいなことをおっしゃるんではないでしょうか。待っていれば、もっと条件が良い相手が現れると考えているんでしょう。でも、「迷っているなら、止めなさい」というのは、ある種のイデオロギーだと僕は思います。結婚するときは、「『この人だ』って、ビビビと来るものよ」なんて言われても。「ビビビが来たかな？　どうなのかな？」なんてわからないですよ。

人が持って来た話に乗るという仕組みそのものが何となく受動的でだめなんでしょうか。自分の手でつかんだチャンスじゃないと納得できないのかもしれません。「１００パーセントの女の子（男の子）」（©村上春樹）がある晴れた日の朝に原宿の裏通りを歩いてくると思っているんでしょうか。

いや、来てもいいですよ。来るかもしれないから。声くらいかけられるかもしれない。ご返事がもらえるかもしれない（「はい、なんですか？」と怪訝《けげん》な顔で）。でも、そのあと恋愛関係になって、その人と結婚できるかどうか。

結婚しちゃえばだいたい同じ

昔の母親は「いい縁談が来たんだから、あんた、もう30なんだし早く結婚しなさい」とか「男なんてみんな同じよ」と言って結婚をせっついたものなんです。

これはたしかに一理ある発言であって、男はもちろんピンキリなんですけれど、それはあくまで社会生活において際立つところの差異であって、家庭生活においてはそれほど劇的な差異は見られないのであります。

だって、外ではけっこうややこしいネゴをまとめたり、てきぱきと会議を仕切ったり、複雑なアルゴリズムを解析したり、5ヵ国語を駆使して談笑したりできるおじさんたちだって、いったん家に帰って、風呂上がりにジャージなんか着て「げふ」とか言いながらビール飲んでると、外形的にはピンもキリもあまり変わらないでしょ。外で発揮していたような圧倒的な社会的能力の差異は家庭内では誇示されようがない。

いや、なまじ外で威張っているせいで家でも威張る男よりは、外で苦労しているせいで家では家人に何言われても弱気に微笑むような男の方が配偶者としては楽だったりするわけですよ。ほんとに。結婚しちゃえば「男なんてだいたい同じ」なんです。

それに、娘に向かって「もっといい男が出てくるまで結婚を急いじゃだめよ」と言っている母親たちって、心のどこかでは「このまま結婚しなくてもいい」と思ってるんじゃないかな。ずっと結婚しないで、そのまま独身で年を取ってゆく。そういう娘の姿を、どこかで期待しているんじゃないかと思うこともあります。

ご自身の結婚生活があまり幸福じゃなかったせいで、「どうせ結婚してもいいことなんかないのよ」という経験知で、娘の結婚を無意識的に妨害している。

僕には18年間父子家庭で育てた一人娘がいますけれど、彼女が結婚するって言ってきたら、僕は相手がどんな人でも反対しないつもりです。「どうぞどうぞ、どなたとでも、どうぞ」って言います。内心で「え、こんなのと結婚……」と思ったとしても、表面的にはニコニコしてます。

親が子どもに教えられることは、一緒にいた18年間ずっと伝え続けてきたんですから、その結果として「この人を選びました」って言われたら、親としては「はい」としか言いようがないです。その手の男が「いい」と思う娘に育ったのは、なんと言おうと僕の子育ての成果なんですから。親としては「こんなはずではなかった」とは言えません。

どうぞ「ご縁」を大切に

一生結婚できない人が増えていて、男性の5人に1人は結婚しないというデータもあるようですが、先生はどう思われますか？

結婚は「病気ベース・貧乏ベース」

未婚のまま年を取るというのは、気の毒だと思います。特に男が未婚のまま40歳を超えるというのは問題だと思います。結婚は男が成長するための最良の機会なのに、それを経験できないわけですから。

「結婚できる男」と「結婚できない男」にはやっぱり違いがあると思います。さきほども言った通り、舞い込んできた縁談というような「ご縁」を大事にする人はわりとすぐに結婚してしまう。与えられた状況でベストを尽くすことができる人は結婚に対してあれこれ条件をつけません。手持ちの資源だけで何を創造できるか、それを楽観的に考えられる人は結婚に（あまり）逡巡《しゅんじゅん》しません。

逆に、あらかじめあれこれと結婚相手に条件をつけて、この条件をクリアーできない人とは結婚しない、というようなことを言っているとなかなか結婚できない。

だって、婚前にはどのような厳しいハードルをクリアーした人でも、結婚後もその条件を満たし続ける保証がないからです。「年収2000万円以上の人」というような条件で結婚相手を絞った場合、ある年度にはその条件をクリアーしても、それが次の年も続くかどうかはわかりません。株価が暴落するとか、パンデミックが起きるとか、本人が病気になるとか、どんなことが起きるかわからない。

そのときになって年収が急減したからといって、「こんなはずじゃなかった」って言っても始まらない。「あなた、病気になって収入が減ったなんて、約束と違うじゃない。じゃあ離婚しましょう」というようなことは言えません。

だって、話は逆だから。病気になったり、失業したり、そういう困難に直面したときに支え合うために人間は結婚するからです。結婚式のときに牧師さんが言うじゃないですか。「健やかなるときも病めるときも、富めるときも貧しきときも」って。

率直に申し上げて、ご自身が「健やか」で「富める」ときは別に結婚なんかしてなくてもいいんです。その方が可処分所得も多いし、自由気ままに過ごせるし。健康で豊かなら独身の方が楽なんです。

結婚しておいてよかったとしみじみ思うのは「病めるとき」と「貧しきとき」です。結婚というのは、そういう人生の危機を生き延びるための安全保障なんです。結婚は「病気ベース・貧乏ベース」で考えるものです。

目の前にいる人よりももっとましな相手がいるんじゃないか、ここで手を打ったらあとで後悔するんじゃないか……というのは「自分はこんな程度の人間じゃない」という自負の裏返しです。今の自分が受けている社会的評価はこの程度だけど、ほんとうはこんなもんじゃない。ほんとうはもっとすごいんだという自己評価と外部評価の「ずれ」が「こんな相手じゃ自分に釣り合わない」という言葉を言わせている。

でもね、仲人口《なこうどぐち》が持っている話って、じつはかなり精度の高い外部評価なんですよ。ご本人の社会的能力や人間的成熟度をよく見た上で、「まあ、この人とだったら、あなたもそこそこ幸せになれるんじゃないの?」と判断して話が来ている。ですから、縁談の釣書《つりがき》が来たら、「ああ、自分の外部評価はこのくらいなのか」と思う方がいい。その外部評価を受け入れ、ややオーバーレイト気味の自己評価を下方修正する。縁談というのは、そういう社会的訓練の機会でもあるんです。

だから、「え、こんなのやだ」とか言っている人は、「こんなの」と釣り合う配偶者だとあなたは外部からは評価されているという事実を噛みしめた方がよろしい。

「よい配偶者」の見きわめ方

つきあっている相手はいるんですが、本当にこの人と結婚していいのかどうか、決心がつきません。見きわめる良い方法はありませんか？

海外旅行は結婚生活の「予告編」

結婚候補者が決まった後に「この人と結婚してほんとうにだいじょうぶだろうか？」と迷ったときは、一緒に海外旅行に出かけてみましょう。そうすると相手が結婚できる相手かどうか、すぐわかります。

海外旅行では必ずトラブルに遭遇します。これはもう保証付き。100パーセントの確率でトラブルに遭《あ》います。飛行機に乗ったらダブルブッキングだった。空港に着いたらトランクがなくなっていた。タクシーに乗ったら遠回りされてぼったくられた。ホテルに着いたら予約が通ってなかった。エレベーターに乗ったら動かなかった。部屋のシャワーから お湯が出なかった……いくらでも思いつきます。これはもう不可避です。海外旅行に行けば必ずトラブルに巻き込まれる。

そりゃ、あなたが執事とか秘書とかボディガードとか連れてファースト・クラスとか自家用ジェットで旅行する人だったら違いますよ。でも、それは逆に言えば、それくらいにお金を遣《つか》わないと海外旅行におけるトラブルからは逃《のが》れられないということです。

さて、そこで配偶者になるべき人のどこを見るか。トラブルには必ず巻き込まれるのですから、そこから「どうやって脱出するか」、「どうやって切り抜けるか」、そこにその人の配偶者としての適性があらわに出て参ります。結婚式の誓いの言葉における「病めるときも貧しきときも」にもう一つ「海外旅行のときも」を加えておきましょう。

「よい配偶者」は、そういうときに決してあなたに文句を言わない人です。あなたに当たらない。不機嫌にならない。誰かを責めたりしない。もう起こってしまったことなんですから、それについて「なんで、こんなふうになったんだよ」とがりがり怒ってみても始まらない。怒って始まるくらいならもともと「こんなこと」は起きておりません。

天気と同じです。不可抗力なんです。寒い季節に「寒いぞ、責任者出て来い」と言っても始まらないでしょ。寒い時には「寒いぞ、責任者出て来い」と怒鳴る暇があったら、鞄からセーター出してきたり、マフラー巻いたり、携帯カイロを取り出したりすればよろしい。

同じように、トランクがなくなったら、とりあえず今日明日絶対に必要なものは何かをリストアップする。そして、どこに行けばパンツとパジャマが買えるか、歯ブラシとひげそりはどこで手に入るか、どうすれば今日明日を人間らしく暮らせるか、その方途を考える。その方向に頭を切り替える。この窮状からどうすれば逃れ出ることができるか。ホテルの朝飯がまずかったら、ホテルのコックに「まずいぞ」というよりは、外にどこか安くて美味しいものを食べさせてくれるところはないか探検に出かける方がいい。

ですから、こういうときに、あなたに向かって「だいたいパリに来たいなんて言ったのはお前だろ。飛行機会社だっておまえが『ここがいいのよ』って選んだんだし、このホテルだって、なんだか旅行雑誌見て『きゃ〜、かわい〜』とか言って勝手に予約しちゃったんじゃないか。俺は知らないよ。お前のせいだよ」というような他責的なことを言う人は配偶者に向きません。こういう人とは結婚しちゃダメです。

でも、それはそれでよかったじゃないですか。結婚する前に「この人は結婚相手に向いてない」ということがわかったんだから。それだけでも「もうけもの」だと考えなくちゃ。

こういうふうにトラブルに巻き込まれたときに、「まあ、そういうのもありか」と態度を切り替えて、楽観的になれる人は、心の中で「どんな雲の裏地も明るく輝いている（Every cloud has a silver lining）」と自分に言い聞かせています。落ち込んだときはできるだけ「雲の裏側」のことを考えた方がいい。

トラブルが起こったときにそれを適切に処理できる能力は、その「困った状況」の中における例外的な「銀色に輝く雲の裏側」を探し出す能力と不可分のものです。愚痴をこぼしながら不機嫌なままで、困った事態を「適切に」処理することはできません。できませんというと言い過ぎですけれど、非常に難しい。もう起こってしまったことについて、ぐちぐち言うより、「次に何をすべきか」に瞬時のうちに頭を切り替えることの方がトラブル解決にとってははるかに有用です。

海外旅行に行きなさいというのは、みなさんが結婚して二人で生活を始めたあとに遭遇する無数のトラブルのときに、あなたの配偶者がどんなふうに対応するかの、それが「予告編」だからです。そのときに不機嫌にならずに、さくさくと対応できる人なら、結婚しても心配ありません。勤めている会社が倒産するとか、夫婦のどちらかが大病するとか、子どもがぐれちゃうとか、地震で家がつぶれるとか、そういうときにもちゃんと対応してくれます。

いいですか、勘違いしちゃダメですよ。配偶者を選ぶときに絶対見ておかなくちゃいけないのは、「健康で、お金があって、万事うまくいっているときに、どれくらいハッピーになれるか」のピークじゃなくて、「危機的状況のときに、どれくらいアンハッピーにならずにいられるか」、その「危機耐性」です。

付き合っている相手が「よい親」になれるかどうかも心配です。

家庭でも「ポスト」が人をつくる

ただ、そう断言しておいて、すぐ前言撤回するのもあれですけれど、配偶者としての適性というのは、やっぱり結婚してみないとわからないということもほんとうなんです。

人間というのは「ある立場」に置かれないと、その立場をこなせるだけの能力があるかどうか、わからない。「ポストが人を作る」と言いますけれど、ポストに就《つ》いてみないと、その立場が要求される能力を自分が持っているかどうかはわからない。仕事でもそうですけれど、家庭内でもそうなんです。

僕は自分の子どもが生まれるまで、自分に「子育て」の能力があるなんてまったく考えたことがありません。だいたいずっと小さい子が苦手だったし、向こうもあまりなついてくれなかった。だから、自分のことをなんとなく「子ども嫌い」の男だと思ってました。

でも、子どもが生まれた以上やるべきことはせねばならない。だから、ちゃんとオムツを替えたり、ミルクを飲ませたり、ねんねこで背負ってみたり、いろいろやるべきことをやりました。生まれた直後はただの義務だと思っていたこういう子育てワークが、生後6週目くらいのときに「あああ楽しい……！」と思えるようになった。もう楽しくてしかたがない。子どもがかわいくてかわいくて、溢れるような愛情が制御できない。

まさか自分の中に「父性愛」などというものが存在するとは思ってもいなかったのに、それがあったんですね。驚きました。世代的にも、「父性愛」などというものは近代家族イデオロギーの作り出した政治的幻想だという説明の方に親しんでいたわけですから、実体としての父性愛が、まさに細胞の奥底から噴き出すように出て来たときにはびっくりしました。

なるほど「人間は本能が壊れた生き物だ」と岸田秀先生はおっしゃっていたけれど、それはただ「壊れた」だけで、本能を完全に失ったわけではなかったんです。自分のＤＮＡを次代に伝えるためには、自分のＤＮＡのヴィークルであるところの子どもに対して、

「この子のためなら死んでもいい」と思えるような心的傾向を持つ生物の方が、そうでない生物よりもＤＮＡを残す確率が高い。だから、「この子のためなら死んでもいい」と自然に思えるような本能があるんです。ほんとうに。

いや、個人差はあると思いますよ。全然そんなこと思わないお父さんだっているでしょう。なにしろ、本能が壊れているんだから。でも、壊れているだけで、まるっきりなくなったわけじゃない。だから、生得的な父性愛が発動してしまう個体と、そういうものが発動しない個体がいても、少しも不思議ではないんです。そして、僕は、たまたま「父性愛」が本能の中に破片として残存している個体だったというだけの話です。別に僕の個人的努力とか、そういうのとは何の関係もなく、ただ存在したんです。

でも、自分が「父性愛」という遺伝子的傾向を持つ個体であるか、持たない個体であるかなんて、子どもを持ってみない限り、絶対にわからないわけです。だから、あるポジションに立ってみないと、そのポジションが要求する能力が自分に備わっているかどうかは、わからない。

人間はある状況に置かれると、潜在的資質が開花する「スイッチ」が入る。潜在能力というのは、誰かに「助けて」と言われた瞬間に開花し始めるものなんです。自分ひとりで「いいことしよう」と力んでもダメなんです。

赤ちゃんの場合、親が栄養補給も移動も排泄《はいせつ》の始末も、全面的にやってあげないと生きられないわけですから、全身で「助けて」シグナルを送ってくる。これはさすがに反応しないわけにはゆきません。哺乳類の成獣は、同じ哺乳類の赤ちゃんを見ると、種が違っていても、なかなか襲えないんだそうです。本能が邪魔して。そして、メスだと、ついお乳をあげたりしてしまう。

獣たちにしてさえそうなんですから、人間がそうならないはずがない。「助けて」というコールに反応してしまうんです。そうやって、父になり、母になる。

結婚は誰としてもいい

いまの相手と結婚したら、ほんとうに自分らしくは生きられないような気がします。

配偶者が変われば、あなたは別の人になる

結婚もそれと同じことです。結婚することによって、夫になり、妻になるんです。そして、配偶者となる相手が変われば、あなたのなかで開花する資質も違ってくる。言ってみれば、あなたの中には、たくさんの「ひも」があるんです。あの人と結婚したらこの「ひも」が引っ張られて、自分の中にあるその「ひも」に繋《つな》がった部分が露出してくる。この人とだったら、また別の「ひも」が引っ張られて、別の潜在的資質が現勢化し

てくる。

つまり人間の中にはいろんなタイプの「配偶者特性」が潜在的には眠っているということです。だから、どんな人と結婚しても、「自分がこんな人間だとは知らなかった」ような人格特性が登場してきます。いってみれば、配偶者が変われば、結婚しているあなたは別人になるんです。どの人と結婚しても、そのつど「その配偶者でなければそういう人間ではなかったような自分」になります。それはいわば配偶者からの「贈り物」みたいなものです。

そういうふうに書くと、「じゃあ、自分の潜在可能性を残りなく踏破《とうは》してみたいので、次から次へと配偶者を換えるのは、ありですか？」というようなことを訊いてくる人がきっといると思います。そういうことを訊いてくる方に逆にお尋ねしますけれど、あなた、「自分の中には、自分のまだ知らない無数の潜在可能性が眠っている」と本気で思っていますか。思ってないでしょ？　あなたが思っているのは「自分の中には、まだ発現していない『ほんとうの自分』が眠っている。その『ほんとうの自分』は、今のパートナーが相手では発現しない。『ほんとうの自分にふさわしい理想のパートナー』と巡り会ったときにはじめて発現するのである。だから、それまでは次々と相手を換えて、『自分探しの旅』を続ける他ないのである」ということでしょ？

あのですね、自分の中の潜在可能性は配偶者が変わるごとに、友人が変わるごとに、環境が変わるごとに、仕事が変わるごとに、そのつど新たに発現してくるんです。そのつど。そして、その様々な「自分」の中に、ある特権的条件においてのみ発現してくる唯一無二の「ほんとうの自分」なんてものはありません。ぜんぶ等しく「自分」です。ぜんぶが同格の「自分」です。「偽りの自分」と「ほんとうの自分」がデジタルに分離されるはずがない。

てきぱきと仕事をこなしているのが「ほんとうの自分」で、いぎたなく昼寝をしているのが「偽りの自分」であるとか、芸術映画を見ているのが「ほんとうの自分」で、ハリウッドのバカ映画を見ているのが「偽りの自分」であるとか、そんな自己都合で「自分」を差別化・階層化することはできません。ぜんぶ等しく「自分」なんです。

だから、ある配偶者との出会いによって出現してきた「自分」にたとえご不満があろうとも、それがあなた「そのもの」であることに違いはない。ほんものか贋《にせ》ものかといえば、

「ほんもの」なんです。

だから、「キミと一緒だと、僕は『ほんとうの自分らしさ』が発揮できないんだ。申し訳ないけれど、僕はもっと僕らしく生きるために、僕にふさわしい相手を探しに旅に出るよ」というようなことを言っているやつは、まさにその宣言をなしているそのときに「地金が出ている」のです。だって、まさしく、それこそがその男の「ほんとうの姿」なんですから。

恋愛は後戻りのできない道

話をもとに戻しますね。誰と結婚するかによって人生は変わります。配偶者が違えば、出てくる「自分」も違ってきます。でもそれは、「生で食べても、漬け物にしても、煮ても、焼いても、揚げても、茄子《なす》はやっぱり茄子だ」というような意味で、どれも「ほんとうの自分」なんです。だから、結婚は誰としてもいいし、どれが良くてどれが悪いということもないと僕はつねづね申し上げているわけです。

ある人と結婚したことによって登場してくる人格要素は、別の人と結婚したら、おそらく登場してこない。だからこそ結婚は「一期一会《いちごいちえ》」なんです。男女が出会って、恋愛関係が始まった段階で、人はたった一つの、後戻りのできない道を歩み始めているんです。

僕は友人の医師の勧めで「秘薬」を服用しているんですが、ときどき「それ、ほんとうに効いているんですか？」と怪訝な顔をされることがあります。僕は「わかりません」と正直に答えます。だって、効いているか効いてないかを判定するためには、「それ以外はまったく同じ条件で暮らしている『秘薬を飲んでいない僕』」を連れてきて、その「もう一人の僕」の健康状態と今の僕の健康状態を比べてみるしかない。そして、そんなことは不可能です。

だから、厳密に言えば、どのような健康法であっても、薬剤であっても、それが「効いた」かどうかは判定不能なのです。他の人には効いたかも知れない。サンプル数何万人というような規模の治験《ちけん》をしたら、統計的にはかなり厳密に「効く」と言えるかも知れない。でも、それが僕に効くかどうかは、やっぱりわからない。

結婚もそれに似ています。一般論としては「あなたを幸福にしてくれる配偶者」というのは統計的に示せるかもしれない（年収とか、健康とか、容貌とか、性格とか、学歴とか）。でも、そのような統計に基づいて「適格」とされた人と結婚したら絶対に幸福になるかどうかは、やっぱりわからない。

結婚が適切であったかどうかは、「この人と結婚しなかった自分」を連れてきて、それと比べるしかないんですけれど、そんな人はどこにも存在しないんですから。

葛藤が足りません、もっと悩んでね。

友人に、有名大学を出たものの、新卒で入った職場を辞めたあと、良い転職先に恵まれず、今は派遣社員として安い賃金で酷使され、異性との出会いもまったくないという人がいます。

「つらさ」の見きわめが難しい

最初の職場を辞めてしまったのがどういう理由だったのか分かりませんけれど、そこにいささか問題がありそうな気がします。

仕事を辞めるのはいいんです。こんなところに長く勤めていたら生きる力が衰えてしまうということが実感的にわかるなら、さっさと辞めた方がいい。

朝目が覚めてもベッドからどうしても出られないとか、起き出してもお腹が痛くなるとか、職場に着いてオフィスのドアを開けたら吐き気がしてきたとか、そういうときはすぐに辞めた方がいい。身体が「辞めないと病気になるよ」と告知してくれているんですから、身体が発するアラームに従うのが生物として正しい。

でも、どんな仕事でも、最初のうちはけっこうつらいものです。勝手がわからないからおろおろするし、上司や先輩には「そうじゃないよ」と叱正《しっせい》されるし、クライアントからだって「け、仕事のできねえ奴だな」と舌打ちされたりする。それはしかたがないです。そういう修業の時期は必ずあるわけで、そこを通過しないと「仕事ができる人間」にはなれない。

叱られたり、怒られたり、誤りを正されたりする時期はどんな仕事でも習熟するためには必要なプロセスなんですから、そこで「叱られたりするのは我慢できない」ということになると、どんな仕事にも習熟できない。どんな分野でもプロフェッショナルにはなれない。

その見きわめが難しい。自分が感じている「仕事つらいなあ」という身体実感が「生きる力がひたすら衰えてゆく煉獄《れんごく》的状況」なのか「成長のために（つまり、生きる力を増してゆくために）必要な負荷がかかっている過渡期」なのか、そのどちらであるかを判定しなくてはいけない。

今はたしかに「つらい」にしても、それが「このままどんどんつらくなってゆくネガティヴ・スパイラル」なのか、「これからだんだん楽になるプロセス」なのか、それは今の実感だけに基づいていたのではわかりません。プロセスなんだから、経時的変化を見てゆかないと、そのプロセスがどこに向かっているのかわからない。この判定にはかなり精度の高い身体感覚が要求されます。

仕事を辞めて、それがきっかけで「いい方向」に向かう人と「悪い方向」に向かう人がいます。自分の現時的な「つらさ」の意味がわかる人とわからない人の差がそこで出ます。

「つらさ」の意味が「わからない」人にはふたつのタイプがある

自分が今経験している「つらさ」の意味が「わからない人」にはふたつタイプがあります。

ひとつは「それくらいのつらさは成長過程の自然」ということがわからなくて、せっかくの修業の場を立ち去ってしまう人。これは、たくさんいます。でも、「つらさ」の意味がわからない人にはもう一種類あります。それは、「ここは生きる力が衰微《すいび》してゆくだけの職場だから、一刻も早く逃げ出した方がいい」という生物としての直感を信じずに、意地になって仕事を辞めない人です。これも同じくらいたくさんいます。

第一のタイプの人は、それからあとも転職離職を繰り返します。自分が最初に仕事を辞めたときの判断が「正しかった」と思っていると、それと同程度の「つらさ」に遭遇したら、どんな仕事でも辞めてしまう。辞めないと「筋が通らない」から。過去の自分の判断が正しかったことを証明するためには、次の仕事もその次の仕事も、ちょっとでも「つらい」と思ったらすぐ辞める。辞めないと自分の判断が首尾一貫しない。そういうものなんです、人間というのは。自分の過去の判断が正しかったということを証明するためになら、未来を犠牲にすることだってできてしまう。

恋愛がまさにそうです。「ろくでもない異性」にひっかかってえらい目に遭《あ》った人が懲《こ》りずに同じタイプの「ろくでもないやつ」と次々と恋愛関係になるというのはよくあることです。それは最初のときの「ろくでもないやつ」との関係について、「でも、あの人は私を独特の仕方で愛していたのだ」という肯定的な総括をしたことの帰結です。

「あの人」がほんとうは自分を愛していたということを証明するためには、「あの人みたいな人」とまた付き合うしかない。「あの人みたいな人」が自分を深く愛してくれるという ことに確信を持ちたいから。そして、またひどい目に遭う。でも、その痛苦な経験をも「あれはあれで独特な愛のかたちだった」と総括してしまう。そして、また次の「ろくでもないやつ」を探しに行かざるを得なくなる。そういうものなんです。

フロイトは、結婚してすぐに夫が病気になって死ぬまで看病するという経験を3回続けた女性の事例を報告しています。たぶん彼女は最初に結婚した夫が病弱で、看病だけして、死を看取って終わった日々を「あれはあれなりに幸福な結婚生活だった」と自分に言い聞かせてしまったのです。だから、自分のその判断が正しかったことを証明するために、二度目も三度目も「今にも死にそうな男」をわざわざ選んで結婚することになってしまった。人間というのはそういう意味ではけっこう「こわい」ものです。自分が思っているよりずっと「こわい」です。

シグナルを聴き取るコミュニケーション感度

そして、第二のタイプの「つらさがわからない人」。この人も、「こわい」点では変わりません。身体が「もう辞めようよ！」と悲鳴を上げているのに、それに耳を塞《ふさ》いで、つらさに耐えて、苦しみに耐えて働いている。こういう人は必死に努力して働いているのだけれど、働くほどに自分の立場を悪くして、職場環境を劣化させることになる。そうなるんです。だって、「耳を塞いでいる」から。

僕たちがふだん暮らしているときに、僕たちの周りには無数の「シグナル」が行き交っています。その中の自分にとって意味のあるものだけを聴き出し、意味のないものは聴かない。そういう「不要の情報を排除して、必要な情報だけを採る」というスクリーニングの機能が人間のコミュニケーション能力のいちばんベースにあります。

「パーティ効果」という心理学的な知見がありますけれど、何十人も人がいてわいわいおしゃべりしているパーティでも、自分の名前を誰かが口にすると、それだけははっきり聴き取れる。そういう不思議な能力のことです。不要な情報は遮断《しゃだん》する。それが人間の能力なんです。

そのような能力を駆使《くし》することで、僕たちは無意識のうちに自分のコミュニケーション環境を整備している。「無意識のうちに」というのがたいせつなところです。「地下室のこびとさん」みたいなものです。僕が寝ているうちに「地下室のこびとさん」がジャガイモの皮むきのような下ごしらえをしてくれているので、目が覚めるとすぐに「ポテトサラダ」の調理に取りかかれる。そういう下ごしらえの仕事をする「地下室のこびとさん」的機能がどれくらい活発に活動しているかでコミュニケーション能力に差がつきます。

だから、「耳を塞ぐ」ということは致命的なミステークなのです。それは「無意識のうちに自分のコミュニケーション環境を整備する」という仕事を停止することだからです。「地下室のこびとさん」に仕事をさせないということだからです。「パーティ効果」が効かなくなる。だから、誰かが自分の名前を呼んでも気がつかない。これが一番わかりやすい指標です。

もし、あなたの身の周りに、職場がつらいせいで身体が訴えてくる愁訴《しゅうそ》に「じっと耐えている」人がいたら（きっといると思います）、その人の背中に向かって小さな声で名前を呼んでみて下さい。なかなか返事をしてくれないと思います。用事を頼んでも、反応ははかばかしくありません。何度も繰り返し用件を述べても、とんちんかんな受け答えをする。そして、頼んだのとぜんぜん違うことをする。「そういうことを頼んだわけじゃないよ」と言うと、哀しげな顔をしたり、怒り出したりする。これは「心身が訴える愁訴に耳を塞いでいるせいで、コミュニケーション不調に陥った人」の典型的な症状です。

「仕事がつらいのでじっと我慢しているのだが、仕事をさせるとたいへん有能である」という人に会ったことがありますか。僕はありません。仕事の90％くらいは他者とのコミュニケーションです。適切なメッセージのやりとりをすることを「仕事をする」と言うのです。コミュニケーションが適切にできない人に仕事がてきぱきとこなせるはずがありません。

作業そのものは他者とのコミュニケーションを遮断してもできるかも知れない。でも、作業を「始める」ときの、「じゃあ、これお願いしますね」という指示における「これ」を誤解したら、そんな仕事はしただけ無駄になります。「これ」が何であるかを理解するためには十分なコミュニケーション能力が必要です。「耳を塞いでいる」人には、それができません。頼んでいないことをやって、頼んだことをやってくれない。

だから、そういう生き方をしばらく続けていると、どんどん「仕事ができないやつ」という評価が確定してゆく。そして、その人にとって職場はますます居心地の悪いところになる。そのときに身体が訴えてくる「ねえ、もう辞めようよ」という指示に対して、さらに「耳を塞ぐ」というかたちで応じると、もう救いがありません。

ですから、一番たいせつなのは自分の身体が発信してくるシグナル、他者が自分に向けて発信してくるシグナルをきちんと聴き取るというコミュニケーション感度なんです。

仕事をすぐ辞める人、過労死寸前まで行っても気づかずに働き続ける人、この2種類の人はじつは同じタイプなんです。「シグナルがうまく読めない」という点では同じなんです。

ですから、仕事がつらいという人に向かって「与えられた状況でベストを尽くせ」とか「石の上にも3年」とかいう言葉をあまり軽々に口にするものではないと僕は思います。それほど話は簡単じゃないから。

仕事については「続けるべきか辞めるべきか」もっと葛藤《かっとう》した方がいい。機械的に「まだ3年経ってないから、続けるべし」とか「少しでも嫌だと思ったら、すぐ辞めるのが正解」というようなシンプルな基準で判断を下さない方がいい。悩んだ方がいいんです。できるだけ葛藤した方がいい。葛藤の中で人間は成長するんですから。

葛藤とは生成的なプロセスである

相談してきたお友だちについて言うと、その人の問題は「葛藤しなかったこと」です。もっと真剣に悩むべきだった。これでいいんだろうかともっと悩むべきだった。

葛藤というのはほんとうにたいせつなんです。シンプルでわかりやすい解を求める人がたくさんいますけれど、「どういう仕事をすべきか」「誰と結婚すべきか」みたいな本質的な問いにシンプルな一般解なんかありません。そのつど唯一無二の特殊なケースなんですから、真剣に葛藤しないといけない。

葛藤というのは「自分固有のオリジナルでパーソナルな判断基準」を手作りするための生成的なプロセスのことです。

その「葛藤すること」のうちに、最も現実的なソリューションがあるんです。仕事でも、恋愛でも、結婚でも、それは変わりません。

なんでも、シンプルに「たった一つの正解」を求めればよいというものじゃない。

たった一つの正解に固執するせいで、さっぱり問題が解決しないということより、「正解はなんだろう」と悩んでいるうちに、気がついたら問題が消えていた……という方が効率的だし、現実的だ、というのが僕の考えです。そういうものなんです。

「仕事辞めようかな、どうしようかな」と日々葛藤しているうちに、だんだん人間的に成熟してくる。世の中の仕組みというものがだんだんわかってくる。そうすると、ある日

「こうするしかないよね」とすとんと気持ちが片づいたり、「仕事がけっこう楽になっていて、葛藤が消えている」ということになったりする。そういうものなんです。

葛藤というのは「喉にささった小骨」のようなものです。いつも気になる。でも、人間の身体はその小骨を溶かす消化液を絶えず分泌していますから、気がつくと小骨は溶けてなくなっている。小骨は消化液の分泌を促進するひとつのきっかけでもあったということです。

現代人は「決定はすばやく」ということに固執しすぎているんじゃないでしょうか。決断の早さと決断の適否の間に相関はありません。大事なことであればあるほどじっくり構えて、さまざまな葛藤や矛盾を全部デスクの上に並べて、「うーむ、これはにわかには決し難いことであるよ」と頭を抱えるということでいいと思うんです。人間の成長にかかわることには時間をかけた方がいいんです。自分自身が成長してゆくと、それまで「矛盾」だと思っていた要素が「別に矛盾していない」ということがわかってくる。矛盾していたはずのことが、それなりに因果の糸が絡み合っているように見えてくる。

例えば、日本における「憲法9条」と「自衛隊の存在」は一見すると矛盾しているように見える。だから、「自衛隊は憲法違反だから解散すべき」と言う人と「自衛隊を合法化するためには改憲が必要だ」という人がいる。

でも、憲法9条を日本人に与えたのはアメリカです。日本を未来永劫《えいごう》に軍事的に無害化するために「押しつけた」。自衛隊を日本人に与えたのもアメリカです。東西冷戦の後方支援が必要になったからです。日本を軍事的に無害化することがアメリカにとって優先順位の高い政治課題であったときには9条を制定し、日本を軍事的に有用化することがアメリカにとって優先順位の高い課題になったときには自衛隊の創設を命じた。アメリカのそのつどの国益を最大化するという文脈の中で見れば、9条と自衛隊はまったく無矛盾的です。

矛盾しているように見えるものが矛盾していないように見えるためには、問題の次数を一つ上に上げなければならない。そのときにはじめて「敗戦国日本の国益」と「戦勝国アメリカの国益」が相反するという次の矛盾が前景化してくる。そして、これについても問題の次数を一つ繰り上げれば、この二つが矛盾しないような外交関係をどう構築すればよいのかという次の問題が主題化してくる。そういうことの積み重ねなわけです。

離職、結婚の話から世界政治の話まで飛んでしまいましたけれど、僕からのアドバイスは一言です。

「もっと悩んでね」。以上。

結婚するのはなんのためか？

社会の原理と戦うため

結婚したいのに収入が少なくて踏み切れない人や、相手がお金をあまり持っていないから怖くて結婚を切り出せないという人がたくさんいます。結婚したくてもやっぱり先立つものがないと不安ですが、お金と結婚についてはどう考えたらよいですか？

結婚問題は雇用問題である

現代の結婚問題というのは、じつは半分は「雇用の話」なんです。結婚が難しくなっていることの一因は間違いなく雇用状況の悪化です。

現代日本の雇用状況は、完全に国策的に作り込まれた、若者が徹底的に搾取《さくしゅ》される雇用環境です。

男女雇用機会均等法という法律がありますね。あれを男女の性差がなくなる「政治的に正しい法律」だと歓迎した人たちがいましたけれど、どうして財界人がそんな法律の早期制定を望んだのかを考えれば、そう楽観的にはなれないはずです。

あの法律は端的に言えば「低賃金・高能力労働者の大量創出」をめざしたものです。給料は安いが仕事はできる、どんな雇用条件でも呑んで、過労死するまで働いてくれる、そういう賃労働者を大量に備給するための仕組みです。そうじゃなかったら、財界人が後押しするはずがない。

戦後の大きな社会構造の変化は、男女の性的なふるまいの差を消すという流れにありました。それ自体は社会の近代化・合理化の帰結でもあるわけですから、それを市民たちが個人として要求するのは筋が通っています。

でも、営利企業の経営者たち、収益を増やし、株主への配当を最優先に気づかう人たちが言い出したら、ことが個人の幸福や自由に関わるはずがないということには気づいた方がいい。

男女雇用機会を均等にするということは、これまで男子に限定されていた雇用機会を女子に拡大するということであり、平たく言えば「求人数に対して求職者数が二倍になる」ということです。雇用する側からすれば、より低い雇用条件で、より能力の高い労働者を採用することができるようになる。

その前段として、男性と女性の社会的なふるまいや価値観の接近があります。性別にかかわらず、すべての人間は「権力・財貨・名誉」をめざして行動するようになった。欲望の性差がなくなった。これは資本主義市場的にはたいへん好ましい展開であるわけです。労働者も消費者も規格化されるということですから。

労働者が規格化されるということは、「使い勝手がよくなる」ということです。仕事がモジュール化すれば、そこだけ部分的に人間を取り替えたり、その仕事だけ切り出してアウトソーシングできるようになる。

つまり、賃労働者に対して「君の仕事、明日から彼にやってもらうから、もう来なくていいよ」と簡単に言えるようになった。規格化された労働者というのは「いくらでも替えがある労働者」ということです。だから、採用者の側は求職者たちをできるかぎり規格化・定型化・標準化しようとする。

この間の雇用環境の流れは、この全労働者の規格化・定型化・標準化をまっすぐに目指してきました。

「労働力の規格化」は裏返して言えば「消費行動の規格化」のことです。労働者の「顔付き」が似てくれば、当然労働者たちが消費者としてふるまうときの「顔付き」も似てくる。同じような商品を欲望し、同じような流行を追う。その消費行動が類似していればいるほど売り手の側の利益は増大します。

消費者全員が「同じようなもの」を欲しがってくれれば、一商品あたりのロット数は増え、製造工程は簡略化され、流通コストも製造コストも下がる。

消費者が全員同じような消費行動をとる、つまりある商品に対する欲望が一時的に過熱して、その商品に殺到し、しばらく経つと(その商品の在庫がはけた段階で)その商品に対する欲望が消滅し、次の商品に対する欲望が過熱する……というサイクルの繰り返しが最も望ましいわけです。

労働者も消費者も規格化され、定型化されていることを資本主義市場は望みます。今の日本は（日本だけに限りませんが）、そのために社会制度が設計されています。みんな同じような能力と同じような欲望を持った、相互に見分けがたい労働者＝消費者群をコンスタントに作り出すこと、それをマーケットが要請している。学校教育もメディアも広告もそのマーケットの要請に応えて動いている。

これはグローバル資本主義が原理的に要請してくることですから、個人の努力でどうこうすることはできません。僕たちにできるのは、とりあえずどうして「こんなこと」になっているのか、その理由を考えることです。それがわかれば、それなりの動きようもあります。

社会制度のあり方を問う

結婚ができない状況というのは、端的に言えば、男女の労働者どちらも雇用条件が劣化しているため、今日一日を過ごすのに精一杯で、結婚したり、育児したり、家を持ったり、教育したり、医療資源を確保したり……という長期的な経済的負荷にとても耐えられそうもないと考えるからです。だから、結婚できない。

でも、これは作られた状況なんです。グローバル資本主義が企業の収益を最大化するために採択した合理的戦略の帰結なんです。

もちろん、若年労働者を追い込むことで短期的に企業の収益は上がりますけど、若い人が結婚できない、だから子どもが生まれず、人口が減少すれば、一世代先には賃労働者も消費者も激減して、市場そのものが消滅する。短期的に市場の要請に従っているうちに、長期的には人間も市場も消えてしまう。そのことをグローバル資本主義者たちは別に気にしていない。一世代先のことなんかどうでもいいからです。当期の利益が最大化して、当期の配当が最大化して、自分の個人資産の残額が今増えるなら、先のことなんかどうでもいい。ほんとにそう思っているんです。

そういう「今しかない」人たちが今の社会の制度を作り、運営している。その人たちは若者たちの結婚のことなんか考えていません。ほんとうに。子どもを作れないほど貧しいと言われても「じゃあ、もっと若い人たちを財政的に支援しよう」なんて考えない。労働力が国内で備給できないなら、移民を入れればいい。海外に製造拠点を移せばいい。消費者が国内に生まれないなら、海外市場で売ればいい。

そういうふうに考えている人たちが意図的に作り込んだのが今の日本の雇用環境と今の日本の若い人たちの結婚環境なんです。

だから、その中で「なかなか結婚できませんが、どうやれば結婚できるくらいお金が稼げるでしょう?」というふうに考えても結論は原理的に出ません。だって、よほど例外的に能力が高くて、高い生活水準を維持できそうな人しか結婚できないように制度が作られているからです。

話は逆なんです。こういうふうに作られている社会そのものの原理と「戦う」ために結婚して、子どもを産み、育児をして、教育をするというふうに考えないといけないんです。だって、結婚をして子どもを産み育てるというのは「人間としてごくふつうのこと」だからです。例外的な能力や才能がなければ配偶者が見つけられないというルールでゲームをしていたら、人類は今から数万年前に絶滅していたはずです。「ふつうの人なら誰でも結婚できる」のがデフォルトなんです。少なくとも人類の発祥から半世紀ほど前まではそうでした。今が異常なんです。

だから、社会制度はずっとこのままで、その中で結婚して幸福になるためには「どういうふうに個人的努力をしなければならないか?」ではなく、ふつうの人間なら誰でも結婚できて、愉快に暮らせるために「社会制度はどうあるべきか?」を問わなければならないんです。

お金が「ないから」結婚する

でも現実問題としてまともな仕事がなくて、せいぜい月12万円ぐらいしか稼げないのでは、結婚なんてとてもできません。

そうでしょうね。でも、今の雇用環境を所与の現実として受け容れておいて、そのような現実にどう適応して「結婚できるように自分を変えるか」というふうに問いを立てている限り、結婚することは限りなく難しくなりますよ。結婚が難しいという現実の根っ子にあるのは雇用の問題です。それに対してはそれなりの理論武装がないと対処できません。

雇用環境をよくするためには、企業が海外の機関投資家に必死で支払っている株主配当を減らして、人件費、製造コストに還元することです。平たく言えば、「生産性を下げる」ことが必要です。

労働者の雇用条件を改善するというのは、だって「そういうこと」なんですから。生産性を上げることと、雇用環境を改善することは両立しません。原理的に両立しないんです。「生産性を上げる」というのは、「これまで10人でやっていた仕事を効率化したので一人でできるようになった」とか「これまで人間がやっていた仕事をロボットができるようになった」とか「これまで国内でやっていた仕事を海外の格安労働者にアウトソーシングできるようになった」というようなことです。

そこから帰結するのは「雇用がなくなる」ということです。生産性を上げながら雇用を創出するということは原理的にできないんです。

「できる」と言う人がいますけれど（日本のビジネスマンはたぶん全員がそう言います）、それは嘘です。彼らが言うのは「生産性を上げて、企業の収益が増えれば、それを原資に新しい事業が始まり、それが雇用を作り出す」というロジックですけれど、営利企業が収益を何に使うかなんて、外からは制御できない。「生産性を上げたら、企業の収益が増大したので、全額株主配当に回しました」と言われても、僕たちは「ああ、そうですか」としか言いようがない。でも、大儲けした株主たちが召使いや料理番や運転手を増やしましたというような話を「雇用の創出」と言われては困る。そんなものを僕は「雇用の創出」とは呼びません。

雇用の創出というのは、「人手が要る」産業セクターを増やすことによってしか達成できません。とにかく人手が要る、猫の手も借りたいというような業種が雇用を作り出す。

雇用環境の改善というのは、雇用を創出することによってしか達成できません。そして、そのためには「人手がなくてもできる仕事」ではなく「できるだけ人手が要る仕事」に生産の仕組みをシフトしてゆくということしか解はないんです。

いまアメリカでは金融・証券がGDPに占める比率は最大です。でも、このセクターは雇用を創出していない。だって、株の売り買いなんて今は人間じゃなくてコンピュータに組み込まれたアルゴリズムがやっているわけですから。1秒間に何百回なんていうスピードで売り買いしている。そこで稼いだ金は投資家の銀行口座に振り込まれる。ほとんどのプロセスを機械がやっているわけですから、雇用なんか生まれるはずがない。生産性の高い社会をめざす人たちは、そうすることによって自分自身の足元を掘り崩しているんです。いい加減に気がついた方がいい。

本来の経済活動とは?

そもそも経済活動というのは、国民国家の枠内で考えるならば、国民全員に雇用を保障し、みんなが学校に行けて、結婚できて、住む家があって、医療が受けられるようにすることが目的なんです。国民を食わせるために経済活動が存在するわけで、経済活動のために国民がいるわけじゃない。

経済活動が活発になったせいで食えなくなった、結婚できなくなった、住む家を持てなくなった、医療が受けられなくなったというのであれば、そこで行われているのは本来の意味の経済活動ではありません。何か別の倒錯的なことです。

「国民経済」という言葉を当今の政治家もエコノミストももう使いませんけれど、1960年代まではそれが経済政策のキーワードでした。「所得倍増」政策を打ち出して、日本経済を高度成長のサイクルに乗せたのは池田内閣ですけれど、それを政策的にひっぱったのは当時の大蔵官僚・下村治です。下村は「国民経済」をこう定義しています。

本当の意味での国民経済とは何であろうか。それは、日本で言うと、この日本列島で生活している一億二千万人が、どうやって食べどうやって生きて行くかという問題である。この一億二千万人は日本列島で生活するという運命から逃れることはできない。そういう前提で生きている。中には外国に脱出する者があっても、それは例外的である。全員がこの四つの島で生涯を過ごす運命にある。

その一億二千万人が、どうやって雇用を確保し、所得水準を上げ、生活の安定を享受するか、これが国民経済である。

（下村治『日本は悪くない　悪いのはアメリカだ』、文春文庫、１９８７年、95頁）

彼は別に机上の空論を述べていたわけではありません。だって、下村治は戦後日本でもっとも成功した経済政策を起案して実施した当の実践家なんですから。その「もっとも成功した経済政策」の最優先課題は「日本列島で生活するという運命から逃れることができない」同胞をどうやって食わせるかということだったのです。

でも、そういう考えをする人はもういなくなった。今の企業経営者もエコノミストも経済活動の目的は「おのれの個人資産をどこまで増やすかの競争」であり、すべての社会制度をこの弱肉強食のプロセスに放り込めば、最も効率的で、最も生産性の高い社会が実現するという「イデオロギー」の信者たちです。何の現実的根拠もないし、エビデンスによって反証され続けていながら、人がそれを信じることを止めないものは「理論」とは呼びません。それは「信憑《しんぴょう》」とか「イデオロギー」と呼ばれるべきものです。

どうやって企業の当期の利益を最大化するかを目標に行われている活動は「国民経済」ではないし、そもそも「経済活動」でさえない。それが人間の生きる目的だと信じている人たちが眼を血走らせて踊り狂っている呪術儀礼のようなものです。

そういうものといい加減手を切るべきだと僕は考えています。とにかく経済活動は雇用を創出し、労働者の雇用環境を改善し、みんながハッピーに暮らせるようにするために営まれるべきものなのです。

結婚というリスクヘッジ

ですから、繰り返し申し上げますけれど、「雇用がないので結婚できない」から、今の経済システムに自分自身を適応させてゆくのではなく、「みんなが結婚できるような雇用環境を整備する」ことをめざすべきなのです。一般論としてはそういうことです。

でも、現実には今結婚したい相手がいるけれど、お金がない。そういう場合には「結婚しちゃう」というのが正解だと僕は思います。

発想を転換するんです。「お金がないから結婚できない」じゃなくて、「お金がないから結婚する」というふうに頭を切り換える。一人では生きられなくても、二人なら生きられる。これはほんとうです。一人よりも二人の方が一人あたりの生活コストは安くなるからです。

僕は学生時代の全時期、誰かとルームシェアしていましたけれど、それは複数の人間で暮らす方が安上がりだし、生活の質が向上するからです。一人なら6畳一間しか借りられない家賃でも、二人で出せば風呂付きベランダ付きの二間が借りられる。5人でルームシェアしていたときは冷房や自家用車までありました。

それに一人で生きていれば、病気になったり、失業したり、おもいがけない出来事に遭遇したときに一気に「生活の危機」に追い詰められますけれど、二人で生きていればその危機は回避できます。二人同時に入院するとか、二人同時に失業するというようなことは確率的にめったに起こりません。時期がずれていれば、なんとかなります。

自分の社会的能力が低下しているときにはパートナーにサポートしてもらえばいい。相手が落ち込んでいるときはこちらがサポートする。

要するに、ふたりが一緒に暮らして共同体をつくるというのは、ごく実利的な安全保障であり、リスクヘッジなんです。今の日本のように雇用状況が不安定である場合には、一人で暮らすよりは二人で、できればもっと多くの人たちと一緒に共同体を形成して、相互に安全保障するシステムを形成する方が賢明だと僕は思います。その方が生き延びる確率が高まるんですから。

大人になるために結婚する

結婚しない人が増えているのは、みんな、なぜ結婚しなくちゃいけないのか、したほうがいいのかが分からなくなっているからではないでしょうか？

結婚の意味は結婚しなければわからない

結婚しない人やできない人が増えているのは、個人にとっても不幸なことですけれど、集団的にも不幸なことだと思います。繰り返し言うように、結婚は配偶者双方にとって市民的成熟のためにきわめて有意義な訓練の場ですし、「貧しきとき、病めるとき」における相互扶助のセーフティネットでもあります。

その両方を欠いた人たち、市民的に未成熟で、かつ老いたり病んだりしたときの支えがない人たちが大量に出現してきた場合、彼らに人間的で文化的な生活を保障するためには、膨大な社会的コストが求められる。そういう人たちを今の日本社会は組織的に作り出しているわけです。「一生派遣」というような劣悪な雇用環境に人々を送り込んで、人件費を浮かせて短期的な利益を確保した分のツケ払いを全部未来の世代に先送りしている。

長期的で安定した雇用を作り出すことが国策的には最優先されるはずなのに、政府はそれと逆の方向に突き進んでいる。そうであれば、行政には期待できない。自分で何とかできるところは何とかしないといけない。

そのためにも「まず結婚する」ことです。結婚できない理由の第一はたぶん経済的なことでしょう。「金がないので結婚できない」という理由を挙げる人が一番多いと思います。でも、前に言ったとおり、「貧しいから結婚する」という判断もありうるんです。「一人では食えないけれど、二人なら食える」というのは経験則として正しい。

もうひとつ、「市民的成熟のために結婚する」というのもあるんですけど、さすがにこれを口に出して言う人はいません(「市民的に成熟したいので、結婚してください」とプロポーズするような市民的成熟度の低い人間とは誰も結婚してくれません）。

でも、結婚の核心はそこにあります。結婚生活という最小の社会組織を通じて、僕たちは共同体の仕組みを学び、他者と共に生きる術を身につけるのです。愛したり、疎遠になったり、信頼したり、裏切られたり、育てたり、別れたり、病んだり、癒したり、介護したりされたり、看取《みと》ったり看取られたりして大人になってゆく。旧友・平川克美君の言う通り（『俺に似た人』［医学書院］を読んでね）です。自分の生身の身体をさらして、そういうことが経験できるのはまず家の中においてです。

大人になるためには結婚した方がいい。大人になれば自分が結婚したことの意味がわかってきますから。大人になる前には結婚することの意味も有用性もわかりません。ただ、好きな人と一緒にいて、朝晩ごろごろしていると楽しいだろうなというくらいのことしかわからない。でも、「一緒にいて、朝晩ごろごろして楽しい」というような時期は長くて半年、短いと1週間くらいで終わります。その後はそれ以上の意味を結婚生活に見出すことができないとなると、結婚はただの「苦役」になってしまいます。

結婚できない多くの人たちが挙げる第二の理由は「結婚するとどんな『いいこと』があ

るのか、わからないから」ではないかと思います。でも、その通りなんです。結婚したらどんな「いいこと」があるかなんて、結婚する前にはわかりません。

だから、「事前に『いいこと』を開示してくれないと結婚しない。結婚したら『絶対に幸福になる』と誰かが保証してくれないなら結婚しない」というようなことを言っていると、永遠に結婚できませんね。

結婚して人は大人になる。大人になってはじめて、結婚してどういう「いいこと」があったのか、事後的・回顧的にわかる。そういう順逆が転倒したかたちになっているんです。

結婚する前に、結婚することの意味や有用性を尋ねる人は、小学校の入学前に「勉強するとどんな『いいこと』があるの?」と訊く子どもに似ています。もし、このときに「いいこと」があれば勉強するし、なければしないという言い分を子どもに許してしまえば、子どもは6歳児のまま成長を止めてしまうでしょう。

結婚の意味や価値を結婚する前に開示せよと要求されても、ほんとうにたいせつなことは誰にも告げることはできません。自分で発見するしかないんです。

今より幸せになるために結婚してはいけません

今つき合っている相手と結婚しても、幸せな結婚生活を送れる自信がもてなくて、結婚に踏み切れずにいます。どうしたらいいでしょうか？

不幸にならないように結婚するんです

結婚を通じて幸福になろうとしているのが、間違い。そう思ってるからみんな結婚できないんですよ。今よりも不幸にならないように結婚するんです。

先ほども申し上げましたように、結婚という制度は「幸福になるため」の仕掛けではなくて、「リスクヘッジ」なんです。せっかく結婚を前にして、幸福な未来を思い描いている人に対して気の毒とは思うんですけど、にべもない言い方をすれば、「一人で暮らすより、二人で暮らす方が生き延びられる確率が高い」から人は結婚するんです。発生的には「幸福になるための制度」ではなく、「生存確率を高めるための制度」なんです。

七、八年ほど前、ある大企業に勤めていた独身サラリーマンが失職したあと一気にホームレスまで転落して、寝泊まりしていたネットカフェに放火するという事件を起こしたことがありました（もう覚えてないでしょうけれど）。僕はその人の「失職」から「ホームレス」までのコースのシンプルさと、所要時間の短さに驚きました。彼には両親が残してくれたマンションがあり、当座はそれを売った金で暮らしていたのですが、すぐに底をつき、そこからネットカフェ難民になるまでさしたる時間はかかりませんでした。

失職後のリスクをヘッジしたのは「親が残した資産」です。広い意味での親族関係がふつうは人間が社会的に孤立することを防いでいる。でも、たぶん彼の場合は「おじさん・おばさん」とか「いとこ」たちとはほとんど付き合いがなかったんだろうと思います。

「親族なんだから助け合わないと」というような相互扶助義務を感じる親族がいなかった。

少し前までなら、そういう親族を訪ねて「なんとかしてください」と頼めば、面倒を見てもらえた。「しようがねえなあ。じゃあ、2階の納戸が空いてっから、当分そこで寝起きすればいいよ。仕事はまあオレの手伝いでもしてもらおうかね。おい、ばあさん、こいつに飯食わせてやってくれ」というような『唐茄子屋政談《とうなすやせいだん》』的な対応は、1950年代くらいまでの日本ではふつうのことでした。

伯父が果たした義務

僕の父親は若いときに満州に渡って、20年近くを外地で過ごし、敗戦のあと日本に帰ってきました。着の身着のままで父が向かった先は長兄のいる札幌でした。道庁の役人だった長兄の家に転がり込んで、そこにしばらく逗留《とうりゅう》し、身支度を整えてもらい、旅費と当座の生活費を受け取って、それから東京に仕事を探しに出かけました。父の前には、長崎で被曝《ひばく》した次兄や、大学生だった末弟が次々と長兄の家に転がり込み、そのつど身支度を整えてもらい、お金を受け取って送り出されてゆきました。

この伯父は、家督《かとく》としては「弟妹たちを扶養する義務」以外何も相続できなかった赤貧《せきひん》洗うがごとき貧乏士族の長男でした。でも、伯父はその義務を粛々《しゆくしゆく》と果たしていました。僕が小さい頃は、毎年正月になると内田家の一族全員が長兄の家に年賀に集まりました。床の間を背にした着物姿の伯父が、弟たちやその子どもたちの挨拶を受けて機嫌よく酒杯を重ねている姿を今でも思い出します。どうしてこの伯父さんに対して一族の人たちはこんなに遠慮がちなのだろう、これが「封建的」ということなのかなと僕はいささか懐疑的でしたが、のちに伯父が戦後窮乏のうちにあった弟たちのために何をしたのかを知って、一族が彼に示す敬意の理由がわかりました。

そういうことは、ある時期までは日本社会でも「ふつうのこと」だったんです。親族は相互扶助のためのネットワークであったのです。もちろんそれはたいへん面倒なものでもありました。進学でも、就職でも、結婚でも、引っ越しでも、何をするにもいちいち「家父長」の許可を得なければならなかった。家父長が「ダメ」と言ったら、ダメ。それでも自分の意思を通そうと思ったら、家を出て、相互扶助ネットワークから離脱するしかなかった。

僕の父は「仕事を辞めたい」と言ったら反対され（父は小学校の教員でした）、親元を離れて満州にわたったのですが、でもそのあと頼った先はやはり内田家遠縁の人でした。家を出て転がり込んで来た遠い親戚の若者を迎えた満州の内田家の人たちもさぞや迷惑だったでしょうけれど、父を書生に置いて、仕事がみつかるまで寄食させてくれました。そして、戦後は一度出たはずの親の家（家父長は父から兄に代替わりしていましたが）に舞い戻ったのです。失職し、無一文であった父がそれでも「ホームレス」にならずに済んだのは、親族の相互扶助ネットワークが機能していたからです。

セーフティネットとしての結婚

「個人が自立すること」を妨げるという家父長制の欠点は僕にもよくわかります。でも、その反面で、家父長制は「個人が孤立する」ことを妨げてもいたのです。そのことは認めるべきでしょう。

結婚生活は「親族の相互扶助ネットワーク」の今も残存している一部分です。いくぶんはその「相互扶助機能」を引き継いでいる。親族は別に、こういう親族がいると「自分らしく生きられる」とか「幸福になれる」とかいう個人的幸福のために形成されているわけではありません。人が無一物で路頭に迷ったときのセーフティネットとして存在するのです。

結婚制度もそうです。貧しいとき、病めるとき、ひとりでは生活が成り立たないような苦境に陥ったときも、配偶者の支えがあればなんとか生き延びられる。そのためにパートナーがいる。それが結婚の第一の意味です。

ですから、相談に対するお答えですが、「幸福になれるかどうかわからない」のは当たり前です(先のことですからね)。でも、その人が、あなたが「貧しいとき、病めるとき」にどういうふうに頼りになる人であるかは、今ここでも知ることができます。実際にあなたが貧しくなって、病んでみればわかります。

だから、世の中には「インフルエンザで寝込んでいて、熱が出ているが薬もないし、冷蔵庫に食べ物もない……という進退窮《きわ》まった状況のとき、仕事の帰り道に風邪薬とプリン

を持って来てくれた人」と結婚しちゃいました、というようなことが多発するのでありま
す。それでいいのです。

結婚式はしたほうがいい

結婚式の本質は公に「誓う」こと

結婚式はお金もかかるし、最近はかんたんに済ませる人も増えているようです。やっぱり結婚式はやったほうがいいのでしょうか？

恋愛・同棲と結婚のちがい

どんなスタイルでやるにしても、結婚式はしたほうがいいです。なにごとにも儀礼は必要です。

結婚式の本質は「誓言《せいげん》をなす」ことです。男女の結びつきという私的な出来事を、公共的な場において公開し、参列した人々に向って誓言をなすということです。

男女が好き合って、一緒に暮らしたりセックスしたりするということは、それ自体は「プライヴェート」なことです。そのままいくら長期的に関係が続いても、まわりの人たちがみんな知っているというだけでは、「パブリック」なことにはなりません。

恋愛や同棲と結婚の違いは、それだけです。関係を公的に誓言するかしないか。結婚すれば「健やかなるときも病めるときも、富めるときも貧しきときも」愛し合い、支え合い、「生涯にわたる貞節を誓う」なんて誓言するわけですけれど、私生活の中身なんて参列者も司式者も知る術はありません。夫婦の健康状態についても、財務状態についても、夫婦生活についても、そこでなされた誓言の真偽は当事者以外誰にも検証しようがない。あるはずがない。

にもかかわらず、「財布の中身」「身体の中身」「ラヴ・ライフ」という、人としてもっともプライヴェートなことについて、「ちゃんとします」と人前で、公的に誓言する。

これは要するに、「私たちの関係はこれまでは私的なものでしたが、今日から公共的なものとなりました。ですから、私たちは自分たちの結婚について『どうです、うまくいってますか？』と参列者の皆さんから今後質問された場合には（多少粉飾《ふんしょく》するかもしれませんけれど）即答する義務を負います」と宣言しているということです。「うるせえな、人の家のことに首突っ込むんじゃねえよ」というような応対は許されないということです。

恋愛の場合なら、いいんですよ、そういう木で鼻をくくったような態度をとっても。「どう、最近？」「かんけーねーだろ」でも、いいんです。というか、その方がデフォルト。でも、結婚したらそうはゆきません。「ええ、まあ……」とか「ぼちぼちですわ」とかでいいんですけれど、「あなたにはそういう立ち入った質問をする権利はない」という態度は許されない。

詳細にわたる必要はありませんが、「ええ、いろいろたいへんですけど、はい。楽しくやってます」くらいのことは言わないといけない。だいたい「お子さんは、まだ？」なんていう質問は要するに「キミたちの間には定期的に性交渉はあるのか？」ということですからね。プライヴェートな関係においては口にすることが許されない質問です。

たとえ夫婦ものであっても、そういうことを訊くのは非礼であって、訊かれても「あなたに関係ないでしょ!」とリジェクトしてよろしいという考え方が最近は広がっているそうですけれど、僕はそれはちょっと違うんじゃないかと思います。そのあたりのことは「プライヴェート」な話だって双方わかっています。でも、結婚するというのは「そのあたりのこと」をいくぶんかは公的に開示することに同意したということです。

だから、ご夫妻の財政状態や健康状態や親族形成活動などについての情報開示を「世間の人たち」(広義における「参列者」です)は求めることがある。それはその代償として、「夫婦が困ったことになったときには、一臂《いっぴ》の力を差し出す用意がある」という気構えを要求してもいる。「そこまで話を聞いてしまった以上、もはやひとごとと聞き流して立ち去るわけにもゆきませぬ。お女中のご窮地、相わかった。こうなればお手助け致しましょう。よいのう、助さん、格さん」という展開になる。

そういうことは「私的関係」の男女については起こりません。私的関係の男女については、彼らがどんな危機に陥っていても、「それはあんたらの個人的なことでしょ? わしら関係ないし」で済ませても非人情とは言われない。そういうものです。

他者からの支援やアドバイスが期待できるのは、「私たちの関係は公共的な準位においいて承認されたものです」という名乗りをした場合だけです。

個人の努力ではどうにもならないもの

そして、何よりたいせつなことは、結婚がそこそこ幸せなものになるかどうかは、個人の努力ではどうにもならないところがあるということです。

そもそも、セクシュアリティというものは本質的に謎なわけです。僕たちは自分で自分の性を選ぶことができない。「性化された」状態で生まれついたわけであって、自分の性的な傾向は、思考も感情も価値観も美意識も自分の意志で変えることができない。性的欲望なんて、自分では制御できません。

ある日、すでに「全身を欲望に埋め尽くされた存在」としての自分を発見するわけであって、それ以前の「性的欲望がまだなかった自分」なんて、身体記憶の中のどこを探してもみつからない。だいたい「僕」なんていう一人称代名詞を採用した段階で、もう「自分は男だ」という性的な分節は完了しているんですから。

「性的自己同一性というのは社会的に形成されるもので、生得的なものではない」と言う人がいます。じつは僕も20代の頃はその理説を信じていました。そして、その正しさを実証すべく、自分の娘で実験してみました（申し訳ないことをしたものです）。女の子だからというので、みんながくれるベビー服はピンクとか赤とかそういう「女の子っぽい」ものばかりですし、贈ってくれるおもちゃもかわいいぬいぐるみとかお人形さんばかり。「こういうふうに周りがするから強制的に性化されてしまうのだ」と思って、僕は自分の娘には「女の子っぽいもの」と「男の子っぽいもの」をどちらかに偏《かたよ》らないように与えました。デニムのパンツとか、ネルシャツとか、トラックのおもちゃとか、親が男の子に与えそうなものもどんどん買い込みました。

でも、驚くべきことに、娘は「男の子っぽいもの」にはみごとに見向きもしないのです。まったく興味を示さない。6歳くらいのときには、きっぱりと「お父さん、自分の趣味でわたしに『ああいう服』買うのやめてくれる？」と言われました。

もちろん、親の影響などじつは微々たるもので、幼児もまた外界の性文化のつよい影響下に性意識が形成されているのだという反論はあるでしょうけれど、僕は経験的にそういいう意見には軽々には頷けません。

なぜ異性に惹かれるのか、あるいは同性愛の人たちがなぜ異性にではなく同性に惹かれるのか、その理由なんか本人にはわかりません。こういうものは自分の自由意志でどうこうなるものではありません。僕たちはすでに性化されたかたちでこの世界に登場する。それを事後的に変更することなんか、できません。どうして「こういうふうに性化されたのか」、自分の性的傾向の起源はどこまで遡ってもたどりつけない暗い闇の中なんです。

電撃に打たれたように恋に落ちることについて

ですから、なぜこの人と結婚したいと思ったかなんていうことも、理路整然と語れるはずがないんです。

ある日電撃に打たれたように恋に落ちるということがある。四月のある晴れた朝に原宿の裏通りで100パーセントの女の子に出会うことだってある。「電撃」の由来や「100パーセント」の算定根拠なんか、誰にも答えられない。結婚だってそうです。「この人と結婚しようかな」と思ったとき、ことは自分のコントロールを超えているんです。

そう思って「あの、突然で申し訳ありません、いまあなたに電撃的に恋しちゃったんですけど、結婚してくれますか？」みたいな「ありえない」オファーをしてみたら、これが意外にも「え？　あたしのこと？　ふうん、なんだか知らないけど、面白いこと言う人ね」というような好意的なリアクションを引き出すことがあるんですよね。不思議なことに。

いや、実際そういう「出会い頭」で二人とも宿命的なものを感じる話って、よくあるんですよ。でも、同時じゃないんです。微妙に時間差がある。男の方が先に「がーん」と来て、「あの……」と切り出して、びっくりした女の子がまじまじと相手をみつめて、けっこう本気みたいということを直感的に判断して、心が動く……という展開が多いんですけどね。

チャールズ・グローディン、シビル・シェパード主演の『ザ・ハートブレーク・キッド』（1972年）という映画は、まさにそういう話で、（なんと）新婚旅行先でばったり会った「100パーセントの女の子」に電撃的に恋してしまう男の話なんです。

ふつう、ありえないですよね。いくらなんでも新婚旅行中ですよ。でも、このみてくれもぱっとしないし、そもそも妻帯者であるところの男に熱烈に言い寄られたシビル・シェパード（1972年当時は「絶世の美女」でした）がなんとなくいい感じになってしまう……という「ありえなさ」が妙に「ありえる」感じがして、印象的でした。

アメリカの観客にはよほどこのストーリー・パターンが印象的だったらしく、この映画は（言っときますけど、まるで映画史に残るような名画じゃないんですよ。邦題だって『ふたり自身』とかいう意味不明のタイトルだし。僕だっていまWikipediaで調べるまでタイトル忘れてましたから）、2007年にベン・スティラー主演でリメイクされているんです！　リメイクするような映画かよと思いつつ、僕はTSUTAYAで見つけて、つい借りてしまいました。見たら、まるで同じ話でした。オリジナルのチャールズ・グローディンの方がずっと実直で、鈍くさいおっさん顔なだけ、妙に説得力がありましたけど。

そうなんですよ。「100パーセントの女の子」にばったり会ったときには、こちらがどんなに鈍くさいおっさんでも、その「電撃」性は相手にも理解できるんです。先方にも「ああ、この人は今私を見た瞬間に『宿命の恋だ』と直感したのだな」ということはわかるんです。そして、わかるだけじゃなくて、ちょっと「同情しちゃう」んです。なんという無理筋の恋をするのだろう、この人は……と思いつつ、その「打算のなさ」に打たれてしまうのですね。

相手が自分と比べて身分も学歴も教養も容貌もまったく不釣り合いでも、ビンボーでも、バカでも、既婚者であっても、恋が成就する可能性が絶望的に低ければ低いほど、むしろ求愛者の「一途さ」が際立つわけです。「ああ、これは純粋な恋なんだ。欲も得もないほんものの恋なんだ……」と先方が思ってくれる（可能性がゼロじゃない）。

これ、素晴らしいことですよね。電撃的な恋は相手の心を独特の仕方で動かすのです。そこに打算がないから。何しろ、ただ「見た」だけですから。相手の名前も仕事も履歴も家族構成も既往症も何も知らない段階で「電撃」なんですから。そして、村上春樹の短編みたいに、そのまま「ああ、いま100パーセントの女の子と出会ったのに……」と思いながら後ろ姿をみつめるんじゃなくて、勇を鼓して「あの、ちょっとよろしいですか」と話しかけてしまうんです。

これ、かなり勇気要りますよ。「あんた、バカなの？」と鼻先であしらわれる確率99

パーセントくらいの場面に突進するんですから。でも、実際には「はい、何か御用ですか？」と応じてもらえる確率は「通りがかるすべての女の子に声をかけるナンパ野郎」よりもたぶん高い。この人が「人間の尊厳を失うリスクのきわめて高い一歩を踏み出した」ことが伝わるから。

「神頼み」の大切さ

結婚もそれと一緒なんです。

いきなり結論で申し訳ないですけど。ふつうは二人が同時に「この人こそ私のパートナー」と思うということは起こりません。必ず時間差があります。

でも、時間差だけで済む。一方が「この人こそ私の宿命の人」と思い込んだら、それがいかに客観的根拠の薄弱な思い込みであろうと、その確信の深さは「思われ人」の心を動かさずにはおかないからです。電撃は感染する。それもまた僕たちが性化されているときに仕込まれた一つの機制です。「自分を見て電撃に打たれて立ちすくんでいる人を見たら、できればオープンハーテッドな気分で接してあげましょう」というルールを僕たちは（個人差はありますけれど）それなりに内面化している。

電撃に打たれるのは個人的出来事ですけれど、「電撃に打たれている人に見つめられたら、（できれば）やさしく接してあげましょう」というのは公共的なルールです。そのようなルールを人々が内面化している方が、たぶん親族形成が円滑かつ適切に機能するから。それだけ、人々が集団的に生き延びるチャンスが高まるから。

そういう機制がある程度深く身体化していないと、だいたい「混血」ということは起こりません。言語も宗教も生活習慣も食文化もまったく違う異族同士が出会ったとき、「どちらかが死ぬか奴隷になるまで戦う」か「なんとか折り合って共生する」かどちらを選ぶか。集団的な生存戦略としては後の方が統計的にはより適切です。そういう傾向が強い集団もあるし、弱い集団もある。でも、どんな集団もそれぞれの「共生の戦略」は持っています。

出会った瞬間に、その人が何人であるのか、何語を話すのか、何の神さまを信じているのか、何を食べているのか、そういうことがぜんぶどうでもよくなって、「とにかくこの人と一緒になりたい」と思うことができる、というのは共生戦略としてはきわめてすぐれたものです。それによって異族間に婚姻が成立し、二つの集団の血を受け継いだ子どもが生まれる可能性ができるからです。それが何世代も続くうちに、共生していた集団は「まとめて一集団」になる。好気性細胞と真核細胞が共生してミトコンドリアができたように。いや、冗談抜きにそう思いますよ、僕は。「電撃」はミトコンドリア由来なんです。だから、僕たちはそれに抗しきれない。

結婚に話を戻しますけれど、だから、こういうものは自分のコントロールを超えているんです。私的な出来事ではなく、大風呂敷を広げれば「類的な事件」なわけです。

相手が誰だかよくわからない段階で好きになっちゃったという人と、「相手がどんな人だかよくわかんない段階で人が好きになれるような人」って、ちょっといいかな……と思った人の組み合わせで結婚が成立するわけです。だから、はじめから個人的な出来事じゃないんですよ。生命の歴史のうちに起源を持つことなんです、性と生殖というのは。だから、自分で制御しちゃいけない。制御できると思ってはいけない。

そのために結婚式を挙げて、神さま仏さまを「ステイクホルダー」としてお招きするわけです。「神頼み」することが大事なんです。「とても個人の力でどうこうできるようなことではないので、どうかご加護を」とお願いするというのは、人を好きになる、一緒にいたくなるという心情そのものの起源を誰も知らないからです。それは神さまの領域の出来事なんです。だから、結婚式では人間の人間性の起源について、人間は何も知らないという事実をもう一度思い出すために神さまを呼び出すのです。

儀礼が大切だということ、わかりましたか。

「いま・ここ・わたし」から外へ踏み出す

私にはとくに信仰はありません。ただ、海や山といった大自然を前にすると、自分の存在をはるかに超えた大きな力を感じます。海や山にむかって結婚を誓ってもいいんでしょうか?

他者という「大いなるもの」

海婚式、山婚式、いいじゃないですか。「私は海を証人として、ここに永遠の愛を海に対して誓います」でいいんじゃないですか。山でも、巨石でも、巨木でも、滝でも、なんでもいいと思いますよ。人知を超えたものに対して誓うのであれば。人間の賢《さか》しらを超えた水準に「超越的な秩序」が存在するということを前提にしないと、そういう態度は取れませんから。

ランダムに生起しているかに見える移ろいやすい現象の背後に、ある種の美的な階調というか、数理的秩序というか、大いなる意志が存在すると直感することは、人間的成熟にとって必要不可欠なことです。だって、「科学」も「信仰」も、そのような直感から始まるからです。

科学的知性とは、まさに「一見ランダムに見える事象の背後にはある種の数理的法則が存在するはずだ」という直感から始まるものですし、信仰とは「一見ランダムに見える事象の背後には、『私宛て』の『大いなるもの』からのメッセージが書き込まれている」という直感から始まるものだからです。どちらも、自分たちが閉じ込められている「いま・ここ・わたし」という「檻《おり》」から一歩を踏み出すことを要請します。

いや、別に難しい話をしているわけじゃありません。誰でも成熟のためにはそのプロセスを何度も繰り返しているはずなんです。たとえば母語の習得がそうでしょう。

赤ちゃんは自分に語りかけられる母親からの言葉を「理解できない」。当たり前ですよね、まだ日本語を知らないんだから。言葉の意味も文法規則も知らない。それでも自分に直接触れてくる母親から発される空気の波動が、じつは「あるパターン」を変奏しつつ反復していることにやがて気づく。そして、その「パターン」と連動して自分の環境に生じた変化の相関に気づく。「ママ」という空気の波動は、つねに栄養補給であったり、愛撫であったり、おむつの交換であったり、赤ちゃんにとっての生理的快感と連動することに気づく。その瞬間に赤ちゃんは「この世には記号というものが存在する」ことを電撃的に直感することになる。これはよく考えたらたいへんなブレークスルーです。

われわれは誰でもが「母語の習得」という仕方で、自分が「この世にそんなものがあるとは知らなかった秩序」のうちに参入しています。「母語を習得しておくと、意思疎通にも便利だし、将来の受験や就職にも有利だから」と考えて「では、母語を学ぶか」と自己決定する赤ちゃんなんていません。「母語」という概念も「習得」という概念も「将来」という概念も「有利」という概念も、すべては母語習得後にはじめて受肉するものですから。

人間は成熟するために「いま・ここ・わたし」という閉域《へいいき》から外へ踏み出さなければなりません。自分の手持ちの価値観や、美意識や、世界観から、一歩外へ踏み出さなければなりません。

結婚というのは、「自分には理解も共感も絶した他者」と共に生活することです。「おのれの賢《さか》しらの及ばない境位」に対する敬意と好奇心がなければ、なかなか継続することのむずかしい試練です。

「大いなるもの」に結婚を誓言したあとに、ふと隣を見ると、そこに「他者」がいる。この人もまた私の理解も共感も絶している、私の価値観や倫理観とは別の物差しで生きている、という点では「大いなるもの」と言うべきではないのか……。この人の理解を絶したふるまいや、めちゃくちゃな言動の背後にはもしかすると「私の理解しがたい合理的秩序」が存在するのではないか……もしほんとうにそういうものがあるのなら、ちょっと知ってみたい……そういうふうなマインドセットを持つことができたら、結婚生活はたぶんずっと愉快なもの（控えめに言っても「耐え易いもの」）になります。

そのような態度を基礎づけるためにも、何か超越的なものに対して結婚の誓言をなすということには深い意味があると思います。

「誓います」は効きます

とにかく大事なのは宣言です。断定と宣言。「健やかなるときも病めるときも、富めるときも貧しきときも、愛することを誓いますか？」「誓います」というのは、やっぱり大事ですよ。「いや、先々のことまでは約束できません」というのが本音なんでしょうけれど、それは口にしてはならない。そこはやっぱり「誓います」と言わなきゃいけない。

こういう誓言というのは思いのほか有効なんですよ。結婚生活を長く続けているうちに、愛情が冷めてしまうときだって来るし、他の人に「ふらふら」と気持ちが動いてしまうことだってある。でも、そういうときに「誓います」と言った自分の言葉がけっこう「効く」んです。「神さまを前にして約束しちゃったからな」という「気後れ」が「最後の一歩」を踏みとどまらせるということだってあるんです。

それに、神さまと多くの友人知人を前に「誓います」と言った言葉が嘘だったということなると、余人は知らず、ご本人は「私は嘘つきだ」ということを認めざるを得ません。

こういう自己認識はけっこう深いところで人間を傷つけます。弱い酸に侵されるように「自尊心」が崩れてくる。自尊心なんか犬も食わないと思っている人がいるかも知れませんけれど、それは短見というものです。自尊心を失った人間、自己規律の弱さを受け入れてしまった人間は、結婚生活以外の場面でも、「ここ一番」というときにやっぱり約束を破り、誓約を覆《くつがえ》すことに抵抗できなくなってしまうリスクが高い。

配偶者を裏切ることは「私事」のように見えますけれど、実際には「公的評価」に密接にリンクしています。「クール」とか「タフ」とかいう評価は得られても、「情に厚い」とか「気配りができる」という評価はたぶん低くなる。勝ちに乗じているときは付いてくる人が多いけれど、いったん落ち目になると誰も手を差し伸べてくれない。

別にそういう性格や宿命に生まれついたわけじゃなくて、「誓言を破った人間」であるという自己認識が無意識のうちに「その行為を正当化するふるまい」を選好させてしまうので、年月が経つうちに、「約束なんてのはな、破るためにあるんだよ」というようなことをぺらぺら言う人間になってしまう。自分で自分をそういうふうに積極的に仕向けてしまうとまではゆかないにしても、自分が「そういうふうな人間」になりかけたときに、止めるロジックがない。

誓言というのはけっこう「怖い」ものなんです。

だから、誓言は破らない方がいいです。誓言を破ると「罰が当たる」というリスクが高い環境で結婚式を行う方がいいよというのはそういう意味です。

仲人は共同責任者

仲人を立てるということを最近はしない人も増えましたけれど、これもやはり立てた方が良いと思います。仲人は結婚のときになした誓いを守っているかどうか監視し、不履行《ふりこう》の場合に「罰を当てる」という役割を担うだけではなく、積極的に「結婚生活がうまくゆくように側面支援する」役割も担っているからです。仲人というのは結婚がうまくいっていることを「わがことのように」喜び、結婚生活の苦難を「わがことのように」苦しむ、共感度の高い第三者です。そういう人が夫婦以外に存在するというのは、ずいぶん支えになるはずです。

仲人にはもちろん夫婦喧嘩の仲裁とか、就職の世話とか、賃貸物件の保証人とか、そういう実利的な有用性もあるわけですけれど、それ以上に「結婚生活がうまくゆくかどうかを夫婦以外にも気にかけている第三者がいる」という事実が大きいと僕は思います。気にかけているだけじゃなくて、「夫婦仲が悪くなったら、自分にも責任の一端がある」と思っている。これはけっこう当事者としては気が楽になる話です。もし、結婚に失敗しても、「全部俺たちがいけない」というわけじゃない。失敗を分割して引き受けてくれる共同責任者が他にいる。

だから、仲人には「他の人にはとても相談できませんけれど、じつは……」という内輪の話ができます。わが身に起きたことを客観的に記述するというのは、危機的状況においてたいへん重要なことです。

落語の『厩《うまや》火事』にあるように「ねえ、兄さん、今日という今日はもう我慢がなりません」「おう、どうしたんだい。また夫婦喧嘩かい」「もう、ひどいんですよ、あの人ったら、仕事もしないで酒飲んで、バクチ打って」「ろくでもないやつを引き合わせちまってすまなかったな。いや、俺が悪かった。こうなったらもう、さっさと別れることった。今から早速俺が話をつけて来るぜ」「ちょっと待ってくださいよ。そんな急な」「だってお前、たった今『もう我慢ならない』って言ってたじゃねえか。別れろ別れろ。とっとと別れちまいな。あんなバカ野郎とひっついていることねえよ」「兄さん、いくらなんでも、そういう言い方はないんじゃないですか。そりゃ酒は飲むけど何升も飲むわけじゃないし、バクチったって仕事の付き合いでしょうがないじゃありませんか。それを人間の屑みたいに言わなくても」「なんだよ、風向きが変わってきやがった」というのがありますよね（しばらく聴いてないのでうろ覚えですけど）。

この最後の「なんだよ、風向きが変わってきやがった」というのが仲人の手柄なわけです。別の視点から結婚生活を点検する。そこで当事者による主観的評価と客観的評価の「ずれ」を吟味する。「ひどい配偶者」だと思っていても、外目から見ると「けっこういい人」だったり、逆だったりする。そこで「混乱する」のがいいわけです。別に直ちに、クリアカットなソリューションが要るわけじゃないんですから。そんなものが欲しいなら仲人の「兄さん」のところに来たりはしません。

「まあ、少し頭を冷やしなよ」でも「おう、とっとと別れちまいな」でも、何か自分の口からは出ない台詞を聞いて、葛藤したくて来るんです。にわかに結論を出さずに葛藤する。この「葛藤のための糊しろ」のようなものを制度的に担保する必要があるんだと思います。

▼ウチダからの祝辞①

合気道と結婚

ご結婚おめでとうございます。

新郎の稽古されている合気道の道場の師範という立場から、ひとことお祝いの言葉を申し上げます。

「合気道家は結婚に向いている」ということを私はつねづね門人たちに語って聞かせております。

ですから、新婦におかれましては、「結婚向きの男性」を配偶者に迎えられたことを、ひとまずご安心してくださってよろしいと思います。

武道の修業というと、体力をつけたり、闘争心を高めたり、格闘技に長じたりということをめざしているとお考えの方もおられるかも知れませんが、それは武道の修業の本来の目的ではありません。

合気道に限らず、武道というのは、本来「どうしていいかわからない状況に立たされたときに、適切にふるまうことができる」能力を開発するためのプログラムです。

どうしていいかわからないときにでも、どうしていいか、わかる。

これが武道家がめざす境地です。

「どうしていいかわからないとき」にはさまざまな種類があります。

天変地異に遭遇するときも、親しい人、愛する人を失うときも、あるいは仕事に失敗したり、病気になったりしたときも、私たちは「どうしていいかわからない」という状況に陥ります。

そういうときに私たちはしばしば「どうしていいかわからず」、立ちすくんだり、気力を失ってへたりこんだりします。

でも、「どうしていいかわからない」場合にでも、わかるひとは「とりあえず何をすればいいか」がわかります。

それは「失ったもの」を数え上げるのではなく、「まだ手元に残っているもの」を数え上げることです。

不意に、たくさんの貴重なものを失ったあとでも、まだ私たちの手元には「価値あるもの、たいせつなもの、信頼に足るもの」がいくつも残されています。

それを数え上げ、そのような価値あるものが自分の手元に残されたことにまず感謝し、それからその手元に残された資源を最大限に活用して、また新しいものをその場から創り出すこと。

それが「どうしていいかわからないとき」の適切なふるまい方です。


武道はそういう状況に対応する心身の能力を高めるための、組織的な訓練です。

武道では、「敵が襲ってきて、自分の心身の自由を損ない、可動域を制約する」というかたちで初期条件を設定します。

これがとりあえず私たちに与えられた「どうしていいかわからない状況」です。

相手が切ってくる、突いてくる、つかんでくる、そういう状況でも、私たちにはかなりの運動の自由が残されており、動きの選択肢が残されています。

それが「まだ残された価値あるもの」です。

それが残されたことにまず感謝し、それを最大限に活用して、その場から新しいものを作り上げてゆく。

それが武道的な動きということです。

武道の場合は、さいわいなことに、「相手」というものがあります。

相手は私たちを攻撃し、私たちの心身の自由を損なうものであると同時に、私たちにまったく新しい動きの機会を提供してくれる存在でもあります。

ひとりではできない動きが、相手が切ってきたり、突いてきたり、固めてきたりしたことででき るようになる。

相手を支えにして大きく崩れたり、相手を支点にしてありえない方向に回転したり、相手の力と自分の力を合わせて二倍の力を発揮したり。

そういうことができるようになります。

この「ひとりではできないが、相手が何かしかけてきたせいで、できるようになったこと」。

これは「まだ残された価値あるもの」ではなく、「いま、相手が私に贈ってくれたもの」です。

武道的なつよさというのは、ある状況に置かれたときに、「自分にまだ残された価値あるもの」に「いま、相手が贈ってくれた価値あるもの」を加算して、それを素材にして、「まったく新しいもの」を創造する能力のことです。

これを「臨機応変《りんきおうへん》」と呼んでもいいし、あるいは禅の言葉を借りて、「随所に主となる」と呼んでもいいと思います。

どのような状況に投じられても、まるでその状況を自分が進んで作り出し、選びとったものであるかのように、堂々と、余裕をもってふるまうことができる境地、それが私たち武道家のめざすところです。

武道家が「結婚向き」であるという事情は、たぶんこれまでの説明でみなさんにも、おわかり頂けたかと思います。

結婚生活というのは、ある意味では「天変地異」のようなものや「出会い頭の交通事故」のようなものに満ち満ちております。

さきほどまでたいへん上機嫌であった奥方が、なぜか一瞬ののちに、夜叉《やしゃ》のごとき形相に変じるというようなことは、これはもう、日常茶飯事であります。

武道家はそういうときに決して慌ててはなりません。

「そういうことも、あるかと思っていた」というような悠揚《ゆうよう》迫らぬ態度で、事変に応じ、とりあえず手元の資源を活用して、この危地を脱する手立てを講じる。

そのためにふだんから道場で稽古しているのであります。

私の師である多田宏先生は「道場は楽屋、実生活は本舞台」ということをよくおっしゃっています。

道場は楽屋です。

そこではどんな失敗をしても許されます。どんな実験的なことを試みても構わない。

「道場では真剣な態度をとり、道場を一歩出ればリラックスする」のではありません。逆です。道場ではリラックスして、あらゆる状況に対応できる心身の能力を開発し、道場から一歩外に出たら、そこで学んだすべての技能と知見を活用する。

新郎が今度ますます修業に励まれ、その成果を、幸福な結婚生活というかたちで実現してくれることを願っております。

新郎新婦のご多幸をお祈りします。

本日はまことにおめでとうございました。

結婚と戸籍と姓

結婚したら即入籍

今の戸籍制度にはすこし疑問もあるのですが、やはり結婚したら籍は入れたほうがいいのでしょうか？

戸籍は便利

戸籍って、もう誰も覚えていないような親族の昔のことが全部わかるから、便利なんですよ。戸籍謄本を取り寄せると、じつは再婚だったとか、じつは他に子どもがいたとか、じつはほんとうの子どもじゃなかったとか、知ることができる。日本の場合、明治以降のことは戸籍でわかるし、それ以前のことは菩提寺《ぼだいじ》の過去帳が残っていれば、わかる。キリスト教の国だと、教会に行くと先祖のことがわかるのと同じです。僕は親族というのは重要だと思っているので、親族についての情報が管理されていることは必要だろうと思います。それについて戸籍以外のうまい方法があるなら、僕はそれで構わないです。

籍を入れる、入れないについては人によって意見が違うでしょうけれど、僕の個人的意見は、結婚したら即入籍です。結婚というものを、当人同士の「愛と共感」の上に基礎づけるというのは無理がある、というのが僕の考え方です。もしそうなら、「なんか最近、愛が冷めたみたい」とか「お前の考えてることわかんなくなったよ」というようなことになったら、ただちに離婚しなければならなくなる。そのつど戸籍に入れたり出したりするのは面倒だから入籍しないというのは判断としては合理的なんですけれど、こういうのは先ほどから何度も言っておりますように「呪い」として機能しがちなんですよ。

つまり「入籍しなかった」という自分の判断が適切であったということを証明するために一番いい方法は「やっぱり、別れた」という事実だからです。まさか、と思う人がいるかも知れませんが、これは僕が経験的に確信を以て言えることです。人間というのは、自分の判断の正しさを証明するためなら自分が不幸になっても別に構わないと思う、そういう生き物なんです。

「これからこの国はひどいことになるぞ」というような悲観的な展望を語る人は、「早くひどい国にならないかな……」と内心では心待ちにするようになります。もちろん、本人は自分がそんなことを願っているとは思っていません。「そうなの？」って訊いたら「まさか！」と色をなして否定するはずです。でも、実際に「ひどい国」になったら、「ほら、言ったじゃないか」と自分の炯眼《けいがん》を誇ることができます。

実際に「ひどい国」になったら、自分だって困るわけですよ。でも、それは気にならない。それより「適切に未来を予測できた自分の賢さ」が証明されたことを喜ぶ。それどころか、気づかないうちにこの国が「よりひどい国」になるように、手を貸すようになる。自分ひとりがここでぐっと踏ん張れば、システムの瓦解《がかい》をもうちょっと先送りできるというような場面に遭遇したときに「踏ん張る」気になれない（そんなことしても、「ひどい国になる」という予言の成就が遅れるだけで、誰からも感謝されないし、敬意も得られません）。だったら、瓦解するに任せる方がましだと思ってしまう。

「狼少年のパラドクス」です。「狼が来るぞ」と触れ回っていた少年は、村人たちが少年の嘘に腹を立てて、彼の警告に耳も貸さなくなると、いつしか「狼が来て、村中のやつらを喰い殺してくれればいいのに……」と思うようになります。そのとき「狼が来た〜」と悲鳴をあげて逃げ回る村人を見て、「ほら、言ったじゃないか」と悪魔のように笑う自分を想像してわくわくしてしまう。

万が一の備えはしないほうがいい

結婚でも同じことが起きるんです。はい、話が戻って来ました。

「万が一のことが起きるかもしれないから、それに備えておこう」と考えた人はアメリカあたりでは「結婚契約」というものを交わします。破鏡《はきょう》のときにもめないように、財産分与とか慰謝料とか決めておくのです。

こういうことって、やっぱりあまりしない方がいいと思いますね。だって、それだけの手間をかけて「結婚契約」を作成したわけですから、どうしたって「あのとき結婚契約を結んでおいて、ほんとうによかった」と思いたくなる。まったく無駄なことをしたということになると、なんだかバカみたいだから。「不時の災難への備え」をしておいてほんとうによかったと自分の先見の明を言祝《ことほ》ぐためには、離婚するように毎日ちょっとずつお互いが結婚生活にうんざりするようなことをするようになるんです（もちろん無意識のうちに）。

昔、僕がはじめて自動車を買ったとき、ディーラーをしていた友人に「中古でいい」と言ったことがあります。「免許取り立ての初心者だから、運転失敗して、あちこち傷つけるだろうから、最初は中古でいいよ」と。そしたら、ふだんはわりとお気楽なその友だちがちょっと険しい顔つきになって、こう言いました。

「あのね、ウチダ。傷つけてもいいと思って運転すると、必ず車を傷つけるようなことをするよ。車の傷だけで済めばいいけど、そうじゃないことだってあるだろ。だから、初心者はぴかぴかの新車を買った方がいい。かすり傷ひとつつけちゃいけないという気持ちで運転するのが一番安全なんだ」。なるほどと思いました。

「傷をつけるに決まっているから」という理由で中古車を買ったら、その自分の判断の適切さを証明するために、必ず車に傷がつくような運転をしたでしょう。ほんとにそうだと思います。曲がりきれるかどうかわからないときに「えい、行っちゃえ！」とハンドルを切ったり、後ろがよく見えないときにわざわざ車を降りて確認したりせずにバックしたり。そういうちょっとした「雑な運転」の積み重ねが、ある日大きな事故に結びついたかも知れない。

忌野清志郎《いまわのきよしろう》くんの名曲「雨上がりの夜空に」は「そりゃあ、ひどい乗り方したこともあった」「おいらのポンコツ」についてのラヴ・ソングですが、あの、たいへん申し上げにくいんですけど、この「おいらのポンコツ」さんはたぶんこの「ドライバー」さんとは添い遂げることはなかったと思いますね。

「ひどい乗り方」をされているうちに、あちこち傷ついて、部品も摩耗《まもう》して、ある日事故に遭って廃車にされたと思います。まあ「いい車だったぜ。おまえのことは忘れないよ」くらいのことは言ってもらえたでしょうけど。

そういうものです。結婚もそうです。傷だらけの中古車を運転しているような気分で結婚生活をしていると、そのうち大事故が起きます。ほんとに。

家族制度に合った戸籍制度を

戸籍制度の話でした。この制度も長い時間をかけて、さまざまな社会習慣が蓄積してできたものです。だから、国毎《ごと》に制度がまったく違います。その点では、食文化や音楽や儀礼と同じようなものです。

人口社会学者のエマニュエル・トッドが言うように、社会ごとに家族制度は異なります。それぞれの集団の家族制度に則して、それぞれ使い勝手のよい戸籍制度を考案してきたのだと思います。だから、「フランスではこうだ」とか「アメリカではこうだ」とか、日本と家族制度の違う国の戸籍制度を取り上げて、「だから日本はダメなんだ」とか「だから日本は遅れている」とかいうのは推論の仕方としてはあまり適切ではありません。それは「日本はキリスト教じゃないからダメなんだ」「日本人はパンを食わないからダメなんだ」というのとあまり変わりありません。

戸籍制度は家族制度の外形的な表出のひとつです。だから、家族制度（日本はドイツと同じ「直系家族」というカテゴリーに分類されます）が変わらない限り、戸籍制度も変わらないでしょう。直系家族では、子どものうち一人（ふつうは長男）が親元に残ります。親は子に対して権威があり、兄弟間での資源や権利の分配は不平等です。女性の地位は比較的高く、子どもの教育には熱心……などという特徴を持つ仕組みです。

戸籍制度は日本、ドイツの他に、スイス、ベルギー、スコットランド、アイルランド、朝鮮半島、台湾、ユダヤ人社会などで見られます。日本の戸籍制度を改めるという場合は、そういう同一の家族制度を持った集団の中で比較的うまくいっている制度を参考にするのがいいんじゃないでしょうか。

姓はフレキシブルに

結婚して姓が変わることに違和感があります。いまでも変えるのはほとんど女性ばかりですし、男性は悩まなくてもいいのは不公平な気がします。姓についてはどう考えたらいいでしょう？

名前とアイデンティティー

戸籍制度といっしょで、姓というのもただの社会的な取り決めです。「姓が変わるのは女性だけ」というのも、そういう家族制度の社会だけです。韓国のように結婚しても姓が変わらないところもあるし。日本だって中世までは姓なんてあるのかないのかわからないでしょう。貴族なんて「藤原か橘《たちばな》か源か平」のどれかなんですから。しかたないから、差別化のために「住んでいるところ」で呼んだり、「官名」で呼んだりしていた。姓で呼ぶ人なんかいません。

良覚僧正《りょうかくそうじょう》という人は、寺のかたわらに大きな榎木があったので「榎木《えのき》僧正」と呼ばれていましたが、それが気に入らないというので木を伐ったら切り株が残ったので「切り株僧正」と呼ばれ、いよいよ腹が立って切り株を掘り捨てたらあとに池ができたので「堀池《ほりいけ》僧正」と呼ばれたという逸話が『徒然草』に出て来ますけれど、「呼び名」ってその程度のものじゃないんですか。要するに「ああ、あの人ね」と個体識別できればそれでいいわけで。

それに、逆に言ったら、名前を換えると個体識別できなくなるので、それはそれで便利ということがあった。新撰組の近藤勇は、幼名は宮川勝五郎、試衛館に入門して道場主近藤周助の養子になって嶋崎勝太、それから近藤勇に改名。そのあと甲陽鎮撫隊に改組するときには大久保剛に名を換え、それからさらに大久保大和に換えました。だから、官軍に捕縛《ほばく》されたときも「大久保です」と言い張ったんです。昔はＩＤなんかありませんし、顔写真のコピーなんかもないですから、そう名乗られたら、その人が以前はどういう名前で何をしていた人かなんてわかりません。近藤の場合はたまたま官軍の中に新撰組を離脱した元隊士がいて、「珍しや、近藤氏」と呼びかけたために身元が知れた。その人がいなければ、「や、どうも」で放免されていたかも知れません。

名前とアイデンティティーの関係って、だから個人に生涯にわたって同一的にはりついていればいいというわけではありません。昔の大店《おおだな》の主人なんて、代が変わっても同じ名前でしたし、落語家だって歌舞伎役者だって、襲名すれば「何代目」です。大看板を背負わされると、名前負けしないように必死になって稽古する。

名前と本人の関係というのは、そういうふうにフレキシブルというか、わりと「いい加減」なものです。いい加減でいいんじゃないでしょうか。個人的には、あまり「姓というのはかくかくしかじかのものであり、それゆえかくかくしかじかでなければならぬ」というふうに目くじら立てて論じない方がいいんじゃないかと思います。

名前を生涯に一つしか許さないというのは行政の国民管理コストを最小化するという「管理コストの問題」に過ぎないわけです。結婚したらどちらかが改姓するというのも明治以降に採用されたテンポラリーな仕組みに過ぎません。だいたい明治以前は「名字帯《みょうじたい》刀《とう》を許される」と言うくらいで、ふつうの人には「名字」なんてなかったんですから（だから、「三輪田《みわた》のお光《みつ》さん」とか「清水のお貸元《かしもと》」という具合に「住んでいるところ」で識別しました）。

ですから、姓がどうあるべきかについてのグローバルな定説なんかないし、僕は別にそんなもの欲しいとも思いません。いいじゃないですか、それぞれ「こういうふうに呼んで欲しい」という名前で呼んでもらえば。

『若草物語』の最初の方で、ジョーがローリーにはじめて会ったときに「ローリー・ローレンスって変わったお名前ね」と言うと、ローリーが「ほんとうはセオドアなんだけど」と答える場面がありますね。でも、それだと友だちが「ドーラ」って呼ぶから止めさせたのだとローリーが答えます。「どうやって止めさせたの？」とジョーが訊くとローリーは「殴ったんです」と答える。

これはどういうふうに自分を呼ばせるかについての一つの正しいやり方だなと僕は思います。「ぜひこういうふうに自分のことを呼んで欲しい」というものがあれば、強く要求すればいいんじゃないでしょうか。

僕の知り合いでも、関川夏央《なつお》さんや鈴木晶《しょう》さんや矢作《やはぎ》俊彦さんは戸籍上の名前と違うはずです。でも、あるときに「俺のことをこう呼んでくれ」って決めてからは、あらゆる場面をそれで通している。男でも女でも、未婚でも既婚でも、そういう態度がよろしいんじゃないかと僕は思います。

家族の一体感について

「夫婦が別の姓になったら家族の一体感が崩壊する」という説をどう思われますか？

姓とは自分についての物語である

よく僕は「内田家の四代前の高祖父は内田柳松という甲源一刀流の剣客で、新徴組隊士で、のち庄内藩士に挙げられた」という話をしますけれど、四代前の祖先というと男女とりまぜ16人いるわけで、姓だって（あれば）全員違うわけですよね。その中の一人を僕が任意に取り出して「この人が僕の先祖だ」と主張しているわけです。先祖に算入してもらえなかった残り15人は草葉の陰でけっこう「むっ」としているんじゃないかと思います。

でも、僕は武道家ですから、先祖に剣客がいた方がアイデンティティーのおさまりがいい。それで「内田家の高祖父は〜」というひとつ話を語り続けるわけです。

そのように、家族の姓というものも結局は誰かの意志や欲望に従って選択されているものだと思います。客観的な制度として存在するわけじゃない。ひとりひとりが選んだ「自分についての物語」なんです。僕はそれが悪いとは思いません。ある「血脈」の連なりのなかに自分を位置づけた方が気分がいい、パフォーマンスが上がるというのなら、そうすればいい。別にただの「お話」なんですから。どういう「物語」を選んだら気分がよくなるか、自分のパフォーマンスが向上するかは、人によって違います。外形的な決まりがあるわけじゃない。

そもそも家族の一体感というのは姓の同一性などによって担保されるようなものじゃないと僕は思います。家族というのはそういう実定的なものじゃない。欠性的なものだと僕は考えているからです。

「欠性的」というのは、誰かのことをしみじみ「家族だなあ」と感じるのは、その人がいることによってではなく、その人が「いない」ときに、「誰かが欠けている」感じがするということです。

家族が揃ったはずなのに、「あれ、誰かが欠けている」という気がすることがある。見回してみると「いるはずの人がいない」ことに気づく。その人が家族なんです。

倉本聰さんのドラマ『北の国から』ではだいたい吉岡秀隆くんのモノローグがナレーションに入るんですけれど、そのときによく口にされるフレーズは「そのとき僕はそんなことが起きているとはぜんぜん知らなかったわけで」でした（うろ覚えですけど）。

この「そのとき僕は（誰かの身の上に）そんなことが起きているとは少しも知らなかった（ほんとうは知っていなければいけなかったのだけれど）」という感懐《かんかい》を抱かせる当の人のことを「家族」と呼ぶ。僕はそう思います。

「あの人死んじゃったね」と教えられたときに「あ、そうなんだ」で済むのが他人で、「え、なんで誰もオレに知らせてくれなかったんだよ！」と愕然《がくぜん》とするのが身内。自分がその人の身に起きるたいせつなことについて「知っていなければならない」と感じる人、それが家族だと定義していいんじゃないでしょうか。僕はそうしています。等親とか血族か姻族かの別なんて、僕はどうでもいいです。

それに核家族の場合だと、家族が物理的に一体である時期というのはじつはきわめて短いんです。両親と子ども二人の４人家族でも、４人揃っているのはせいぜい20年です。きょうだいの年が離れていると４人揃って暮らしたのは10年未満ということだってあります。それっきり二度と一緒に暮らすことがなく、たまに会うのは法事だけということだってある。

家族って、ほんとうに暫定《ざんてい》的な制度なんです。それが「ふつう」は恒久的なものであるかのように「家族の一体感」とか言う人を僕は信用しません。だいたい、家族がほんとうに仲が良くて、敬意を以て接していたら、そういう家族はお互いに過剰に干渉しないで、必要なときだけ支援し合うという涼しい風通しのいい関係になっているはずです。そういう家族の成員たちは自分たちの家族関係を形容するときに「一体感」みたいな、べたべたした言葉を使わないと思います。

僕は家族の親密さを誇示するための行事をしょっちゅうやるような家族の一員であるよりは、ふだんは「好きにしなさい」と放っておいてくれて、遊びに行くと「よく来たね」とにこにこ歓待してくれるような距離感のある家族のメンバーでいたいですね。

結婚とは不自由なものである

家庭には「ボス」がいたほうがいい

内田先生はなぜ二度結婚されたんですか?

最初の結婚で学んだこと

いや、できたら1回で添い遂げたかったんですけれど、1度目の結婚に失敗したので、2度目になりました。

僕は他人と暮らすのが好きなんです。家事もだいたい自分でできるし、仕事をするのも、本を読むのも、映画を観るのも、音楽を聴くのも、ひとりでするわけですから、それで寂しいということは別にないんです。でも、他人と一緒にいるのも好きなんです。

若い頃から、女の子と知り合って、付き合い始めたら、だいたい「結婚しよう」と思っていました。そうじゃないとつまらない。「お互いに束縛し合わないで、自由に生きようよ」というようなおしゃれな関係には興味ないんです。だって、相手の人生にかかわらないとつまらないじゃないですか！

最初の奥さんとは13年間結婚していました。4歳年上で、僕よりもずっと社会経験豊かで、生活力もある人でした。僕は大学を卒業して、そのまま無職になり、ぶらぶらしていたのですけれど、その時に結婚したので、養ってもらっていたようなものです。

向こうが「ボス」で、僕が「手下」という関係のときは、それなりに安定していたんですけれど、僕が平川克美君と翻訳会社を起こした後、大学院を出て助手になって定職を得るようになってくると、僕の方が家計を支えて、彼女の方が僕に扶養されるというかたちになってきた。そういう経済力の差って、やっぱり関係に影響しますよ。

食わせてもらっていたときは何を言われても「はいはい」と従っていて、それで何の屈《くっ》託《たく》もなかったけれど、こちらの方が家計の支え手になると、今度は妻にあれこれ指図されるのが「かちん」と来るようになる。「オレがこんだけ働いて一家を支えているのに、どうして家事労働について妻に命令されないといけないわけ……」と思うことが止められない。

結局は結婚関係っていうのは、ある意味で「権力関係」なんだということをそのとき学習しましたね。どっちかが「ボス」なんですよ。そうじゃないと安定しない。お互いの意見を聞き合って、すべて対話で決めましょうとかいっても、そういうルールそのものは話し合いじゃなくて、どちらかが制定しているんです。

家庭内における権力闘争について

僕が子どもの頃、内田家では家族会議というのをやってました。父が議長で、母が書記、兄と僕が議員という構成で、毎週水曜日の夕食後に開かれていた。家の中のことを民主的な討議によって決めることにしようといって父が始めたんです。犬の散歩は誰がするのか、とか次の日曜のハイキングはどこにゆくのかとか、そういうことが議題だったわけですけれど、この「民主的」制度の導入そのものは父の専断によって決められました。そういうものですよね。

夫婦もそうだと思うんです。やっぱり権力関係であって、「ボス」の権限は原理的には「経済力」に由来する、と。経済力に決定的な差がない場合は、「人生経験」とか「見識」とか「度量」ということになるんでしょうけれど、こういうのは判定がむずかしい。「人生経験豊かな」はずの人がとんでもない勘違いをすることがあるし、「度量の大きい」はずの人がいじけたり、嫉妬したりすることもあります。

その点「いくら稼いでいるか」は外形的にはっきりわかる。だから、それを基準に家庭内地位を決めるというのは、まあ「無難」な線だと思います。そのときの「ボス」が「うちは家庭内地位などというものが存在しない、全員が対等の民主的な家庭です」と宣言すれば、それでいい。でも、それは誰かが宣言しなければなりません。「なんとなく対等」な関係というのは安定しないんです。

離婚に至るケースというのは、いろいろな理由が挙げられますけれど、僕は「権力闘争」という側面がかなりのパーセンテージを占めるのではないかと思います。配偶者の一方が他方に経済的に完全に依存しているという場合は、いろいろ家庭内で不快なことは起きるかもしれないけれど、「どっちがボスか」「この家のことはどちらが決めるのか」というタイプの血なまぐさい権力闘争は起こりません。配偶者双方が完全に五分五分の経済力を持っている夫婦を「理想的」だと思っている人がいるかも知れませんけれど、これは一番コントロールが難しい夫婦だと僕は思います。

知り合いの若い夫婦で、経済力が五分五分というカップルがいました。仕事の忙しさも同じくらい。だから、家事は全部平等に分けようということに決めました。曜日を決めて、この日は夫がご飯を作り、妻が皿洗いをする、別の曜日はその逆というふうに分けたんです。でも、相手の担当する家事には一切手を貸さないということになると、家の中って一気に殺伐《さつばつ》としてきます。残業で疲れて家に帰って来たら、台所に前の日の汚れた鍋や皿が積み上がったままで、配偶者はご飯を待ってテレビを観ているというようなことがあると「ぷちっ」と切れちゃうんです。

適切に「シェア」することの絶望的な難しさ

家事なんて気がついた方がゴミ拾ったり、洗濯物干したり、アイロンかけたりすればいいんです。厳密に区分したりするものじゃない。そうしないと、「夫の仕事」でもないし「妻の仕事」でもないグレーゾーンに落ち込んだ家事は誰も手を出さなくなります。そうなると家の中はたちまちカオスです。

ビジネスの場合と同じです。「僕の仕事」と「同僚の仕事」の隙間に「誰のものでもない仕事」が発生する。それを「僕の業務じゃないから」という理由でみんなが放置しておくと、そこから組織が壊滅するほどのトラブルが起きることがある。「蟻の一穴」から堤防が崩れるのと一緒です。それを防ぐためには、「誰もやらない仕事は僕の仕事」だというふうに考えて、「隙間」に落ちた仕事を片付ける人が出てこないといけません。

家の中でも、「家の中のことは全部自分の責任」だと思っている人が一人いれば、それでもうトラブルは起きないんです。

僕の離婚の原因は、経済力の変化に伴って、家事労働の分担にかかわる議論が日常化したことが大きかったと思います。どちらがどの家事を負担するかで、ほんとうに頻繁に言い争いがありましたから。

離婚して小さな娘と二人だけで暮らし始めたら、そういうトラブルはなくなりました。全部僕がやらなくちゃいけないわけですから、家事負担をめぐる気鬱《きうつ》なネゴシエーションをしなくていい。そのときに、お金を稼ぐことも、家事労働も、それ自体はたいした負荷じゃないけど、それを家庭内で適切に「シェア」することは絶望的に難しいことなんだなとしみじみ思いました。

今の奥さんは年がずっと下ですし、人の上に立ってあれこれ言うというタイプじゃないので、家庭内権力闘争というのはないですね。僕に対していろいろご不満はおありでしょうけれど、それを「命令・叱責・要求」というかたちでは語らない。それがありがたいです。

結婚は足枷か？

結婚すると、自分の生き方が保守的になりそうで不安です。制約が増えて、例えば留学や転職のような大きな決断ができなくなりませんか？

「誰からも頼みにされない生き方」が楽しいですか？

結婚すると「それまで独身のときにはできたこと」の多くができなくなります。でも、それは結婚だけでなく、就職したときも、責任あるポストを提供されたときも、子どもが生まれたときも、どれでも同じです。どんなことであれ、他者との新しいかかわりができる度に、自分の潜在可能性のいくつかは実現不可能になります。それは当然のことです。

結婚したり、子どもができたり、老親の介護をしたりというときには、生き方の選択肢は、住む場所や就《つ》ける仕事をはじめ、すべて限定されます。それが「嫌だ」という人は、しかたがありません。誰とも人間関係を持たずに生きるしかない。

結婚はしない(しても別居結婚で、お互い不干渉を貫く)、子どもは持たない(生まれたら、どこかに養子に出して、あとは知らない)、親にもかかわらない(介護の必要がでてきたら、どこかの病院か養老院に入れて、あとは知らない)という生き方をすれば制約はなくなります。

でも、そんな生き方をして何が楽しいのか、僕にはわかりません。誰にも制約されない生き方って、言い換えれば「誰からも頼みにされない生き方」ということですよね。あなたを頼り、「あなたがいないと生きてゆけないんです」とすがりつく人が一人もいない生き方をするということです。

それって、要するに「いてもいなくてもどうでもいい人」になるということです。いなくなってもとりあえず誰も困らない人、いなくなってもそのことにしばらくは誰も気づかない人(離婚した配偶者が「養育費の支払いが三月《みつき》ほど滞っているなあ」というあたりでようやく気づくような)。

そういう人物を目指して自己造形したいと願う人って、ふつういないと思います。僕たちは「人から頼られるような人」になろうと思って、子どもの頃から努力してきたんじゃないですか？　何かあるとまず意見を求められる。困ったことがあるとまず相談される。「これはあなたにだけ打ち明けるんですけど」と告白される。議論がもめたときに「こうなったら、あなたが決めて下さい」とみんなから一任される。「あとのことはキミに任せた」と社長から会社をまるごと委《ゆだ》ねられる——そういうふうに「頼られる」人間であることが、社会的な成熟度や能力の指標であるのではないですか？

ですから、人に頼られる人は簡単には留学とか転職とかできません。「1年だけ留学したいんだけど……」とか「転職したいんだけど……」とうっかり言ったりすると、回りじゅうの人が「ええええ！」と困惑する。だって、みんながあなたを頼っているわけですから。共同体の中心メンバーであり、みんなの心の支えであり、希望の星であるわけですから、どこかよそに行かれたら困って当然です。

それに、「留学とか転職とかできなくなるから」という理由が「結婚できない理由」として頭にすぐ浮かぶような人は悪いけれど、何をしても後悔するタイプだと思いますよ。

留学したら留学したで「この学校じゃなくて、あの学校にしておけばよかった。あそこに行っておけば今よりずっと『自分らしい』人間になれたのに……」と思い、転職したら転職したで「この会社じゃなくて、あの会社にしておけばよかった。あそこに行っておけば今よりずっと『自分らしい』人間になれたのに……」と思うようなタイプ。

「自分らしさ」というものが何か透明で無重力的な環境で選択的に発現されるものであって、少しでも障害や抵抗があると発現できなくなると思ってしまう。

でも、この世に無障害・無抵抗で「何でもあなたの好きにしていいんですよ」なんていう環境はありません。学習環境でも労働環境でも。どこでもそれぞれに限界があり、制約があり、負荷があり、義務がある。それとどうやって折り合ってゆくか、それしかないんです。

「勢い」「ものの弾み」に乗ること

何度も申し上げますけれど、結婚は「勢い」です。「ものの弾み」です。でも、勢いであれ、ものの弾みであれ、そこにはある運動がある。流れがある。それに「乗る」のが生きる上でとってもたいせつなことなんです。それは留学や転職だって同じです。それをすることがあなたにとって、ほんとうにたいせつなことなら、それに相応《ふさわ》しい「勢い」があります。

ある日「あの大学に留学しよう！」という思いが電撃のようにあなたを打ち貫いて、もうどうにもならなくなったら、配偶者があろうと子どもがいようと介護すべき老親がいようと、「なんとかしちゃう」ものです。

村上春樹さんは作家になろうと思った日のことをいくつかのエッセイで回想していますけれど、こんな話です。

それは1978年4月の晴れた日のことで、村上さんは神宮球場でヤクルト・スワローズと広島カープの開幕戦を外野席で観ていました。「空はきれいに晴れ渡り、生ビールはあくまで冷たく、久しぶりに目にする緑の芝生に、白いボールがくっきりと映えてい」たその日の午後、ヤクルトの1回裏の攻撃、先頭バッターはアメリカから来たばかりのデイヴ・ヒルトンで、第1球をレフト線にきれいに打ち返して2塁打にしました。

そのとき電撃的に村上さんは「そうだ、僕にも小説が書けるかもしれない」と直感した。何の脈絡もなく、何の根拠もなく。

「それは空から何かがひらひらとゆっくり落ちてきて、それを両手でうまく受け止められたような気分でした。」

（村上春樹、『職業としての小説家』、スイッチ・パブリッシング、２０１５年、41・42頁）。

いい話ですね。でも、そういうものだと思うんです。転機というのは、そういうふうに不意にやってくるんです。何の脈絡もなく。でも、抵抗しがたい圧倒的なリアリティを以て切迫してくる。留学とか転職だって、ある意味では「小説家になる」のと同じような人生の岐路です。「あれこれと責任があるような立場だったら、転機が来たときすぐに応じられないから、責任のない人間として生きよう」と思っている人の身には、たぶんそういう劇的なことは起こらないような気がします。冷たい言い方で申し訳ないけど。

未知の自分を発見する

先生は一人で子育てをしているとき、学者として仕事をする時間が減ることについて焦りは感じなかったのでしょうか？

結婚（離婚）と育児の経験が変えたこと

最初はありましたね。だけど、途中からなくなりました。

というのは、レヴィナスというフランスの哲学者の研究が僕の専門で、子どもが小さい頃はずっとレヴィナスの『困難な自由』という本の翻訳をしていました。レヴィナスというのは難解で知られた哲学者で、読んでもさっぱりわからない。いくら辞書を引いても意味がわからない。なんとか横のものを縦にしてはみたけれど、そうやって翻訳した自分の訳文を読んでもやっぱり意味がわからない。200字詰め原稿用紙に2Bの鉛筆で書いたものが高さ30センチくらいになりました。

それをそのまま押し入れにしまって、2年間ほど寝かしておきました。その間はふだんどおり、大学で助手をして、非常勤講師として大学や予備校でフランス語を教えて、合気道の稽古をして、家事や育児をしてました。

そして、ずいぶん経ってから出版社の編集者に「あれ、どうなりました?」と訊かれて、「あ、そうだ」と押し入れから引っ張り出してみてぱらぱら読んでみたら、今度はわかったんです。「わかった」というより「わかるところがいくつかあった」くらいですけれど、それでも「まったくわからない」ところから「少しはわかる」というレベルになった。僕自身が変化したのです。

この変化に一番大きな影響を与えたのは育児の経験だったと思います。

僕がレヴィナスを読んでも意味がわからなかったのは、フランス語ができないからではなく(たしかにできないんですけど)、哲学史の知識がないからでもなく(たしかにないんですけど）、端的に僕が「ガキ」だったからだということがわかった。

レヴィナスは「大人」なんです。大人の書いたものだから子どもにはわからなかった。当たり前のことですよね。大人の書いたものがわかるようになるためには、自分も大人になる他ない。レヴィナスの文章というのは、そういう遂行的な力を持っているんです。

僕はレヴィナスをうんうん唸って読みながらずっと「これがわかるような大人になりたい」と必死で願っていた。でも、「大人になる」というのは受験勉強みたいに「いついつまでに、どういう知識や技術を身につけて、誰かに可否を判断してもらう」というかたちをとることができない。そもそもどういう知識や技術を身につけるべきなのか、子どもにはわかりません。

でも、不思議なもので、ただ「生活」しているうちに、気がついたら生活した分だけ僕は大人になっていた。子どもを育てていた2年の間に、僕は家庭の深刻なトラブルにも遭遇したし、病気にもなったし、人を愛したり、憎んだり、裏切ったり、裏切られたり、期待したり、失望したり、いろいろなことを経験しました。

その経験の絶対量は、あきらかに結婚する前、子どもができる前とは桁違いのものでした。結婚したあと、僕の「人生の厚み」は増した。良い悪いじゃなくて、とにかく「人間て、これほどいろいろなつらいこと、悲しいこと、うれしいこと、頭に来ることに遭遇するんだ……」ということを骨身にしみて味わいました。

そして、その経験のあとにレヴィナスの訳文をひもといたら、前にはわからなかったところがわかった。このときに、なるほど人生には無駄がないのだと確信しました。病気になっても、投獄されても、人に裏切られても、裏切っても、何かを失っても、何かを得ても、それらの経験のうちに無駄なものは一つもない。

哲学は「ステーキ」

哲学というのは人間の経験するさまざまなことについての包括的な知のことです。それは受験勉強で身につくものじゃない。もちろん受験勉強で苦しむことも人間の一つの経験ではあります（学校教育の仕組みを設計した人はあまり賢くないということは骨身にしみてわかります）。どういう場合に思考速度が上がるのか、どういう場合に「やる気がなくなる」のか、その複雑なメカニズムの一部は受験勉強をしているときに自得しました。もちろん参考書を読んで身につけた有用な知識だってまったくなかったわけじゃありません。でも、それだけでは哲学はわからない。哲学というのは、「もう言語に絶した、めちゃくちゃな経験をしてきた人」(戦争で家族みんな死んでしまった人とか、強制収容所に幽閉されていた人とか、一夜にして全財産を失った人とか、いきなり死病に取り憑《つ》かれた人とか、いろいろ)が読んでも「ううむ、そう言われればそうか」と頷かざるを得ないくらいの言葉の重さがないと成り立ちません。

僕みたいに平和で豊かな日本社会でのほほんと暮らしてきたぼんぼんが、大学を出て、大学院に入って「哲学研究が専門です」と言ったって、そこに書かれていることが切迫してくるはずがなかったんです。

哲学は僕みたいなぼんぼん相手のものじゃないんです。およそ人間が経験できる極限まで経験してきた人が読んでも「たしかに、私の経験に照らしても世界というのはそういうものだ」と頷かせるだけの迫力がないと哲学にならない。僕なんか初手《しょて》から読者に想定されていないんです。

実際にレヴィナス先生はそうおっしゃったことがあります。

フランスでは高校の最終学年に哲学が必修なんですけれど、フランスもやはりグローバル化の流れの中で「哲学なんかやることはない。それより実学」ということを政府が言い出して、哲学必修を外そうということになった。もちろんフランス中の哲学者は一致団結してこれに反対しました。

そのときにレヴィナス先生はなんと「いいじゃないか、別に」と言ったんです。「哲学というのは大人のためのものだ。高校生に必修科目で教えるものじゃない。赤ちゃんにはミルクを飲ませるものであって、いきなりステーキを食べさせてどうする」って。

もちろんレヴィナス先生はグローバル資本主義に最適化した人材を育成しようというフランスの教育行政に賛同したわけじゃありません。そのような人材育成プログラムの中に哲学はなじまないと思ったのでしょう。でも、レヴィナス先生の「高校生は哲学なんかせんでよろしい」という一言はきわめて挑発的なものだったと思います。

僕がフランスの高校生だったら、「子どもはミルクを飲んでいろなんて言われたら、黙っちゃいられない」ということで、がりがり哲学書を読み始めたと思います。受験科目だから哲学史を暗記しなければいけないというのと、「子どもには無理だ」と言われて哲学書を読み始めるのとでは、気構えが違う。

レヴィナス先生は本質的に教育者ですから、たぶんそういう高校生たちの「反発」を勘定に入れて、そういう発言をされたのだと思います。

とにかく、哲学は「ステーキ」なんです。だから、歯が生えそろわないと噛めない。僕は生活することで、あれこれの苦労を積み重ねることで、ステーキが噛める程度の歯が生えてきた、そういうことだと思います。

生活すべてが哲学研究

だから、生きているだけで勉強なんです。街中で、人々に交わって生活すること。それが哲学修業なんです。無駄な時間なんかないんだ。そう思ったら、ぜんぜん焦らなくなりました。育児のせいで時間が削られて、自分がほんとうにしなければならない勉強ができなくなるというふうに思わなくなった。これは正しいかどうかわかりませんけれど、精神衛生的には非常によかった。

20代から30代にかけては、かなりタイトな競争的環境にいたわけで、いつも横目で同世代の研究者たちの活躍ぶりを眺めてじたばたしていました。ですから、あの時期に「オレには『こんなこと』で時間を潰している余裕はないんだ！」と言って育児も家事も放り出していたら、たぶん僕はずっと早い段階でつぶれていたと思います。

なんだかんだいいながら、20代の中頃に「哲学をやろう」と決めてから40年間なんとかその専門家としてやってこられたのは、机に向かっている時間以外のすべての時間も「哲学研究」だと思ってこれたからだと思います。そういう気楽なマインドセットのおかげでさまざまなストレスを回避できた。

もちろん世の中には寝食を忘れて、もちろん結婚も育児も全部無視して、世界史的な業績を上げた学者たちがたくさんいます。僕だって彼らにいちゃもんをつける気はありません。そういう人はそういう生活をすることでたぶんストレスを回避していたんです。僕は僕で、「こういう生活」（結婚したり、離婚したり、育児をしたり、武道を稽古したり、などなど）をすることでストレスを回避していたんじゃないでしょうか（離婚だってある意味ではストレス回避の必殺技ですからね）。たぶんそうだと思います。そう思うことにしています。

「オレってけっこういい人」

結婚すると、「これがオレの本質だ」と信じていた自分の自己同一性がずいぶん脆《もろ》いということがわかります。結婚生活では、「これだけは譲れない」というような「最後の砦《とりで》」なんてないんです。日々のことですから、これはもうどんどん譲歩に譲歩を重ねるしかない。そして、とことん譲って譲ってそのあとに、それでも残るものがある。それが自分のアイデンティティーの核とでもいうべきものなんだと思います。

でも、それが「意外なもの」なんですよ。「オレなりのこだわり」とか「譲れぬ一線」とか言っていたものがぜんぜんそうじゃなくて、「え、こんなところが！」と思っていた部分に自分の存在は依拠していたことがわかったんです。大きな建物を壊してみたら、大黒柱が小さな石の上にゆらゆら乗っているだけで、それが全部を支えていたことを知って、びっくりするような感じです。

アイデンティティーって、ある種の「バランスの取り方」のようなものなんです。実体じゃなくて。転びそうになったときに思わず「おっとっと」とバランスを取ろうとするでしょ。そのときの「おっとっと」という声とか表情とか手足のさばき方とかって、作り物じゃないリアリティがある。そういう感じです。

結婚生活でわかったのは、自分がどういうふうに「揺らがずに一点にしがみついているか」ではないんです。そうじゃなくて、どういうふうに「揺らぐ」のか、どういうふうにバランスを取るのか、どういうふうにそのつどの困難な状況に適応してゆくのか、その「作法」なんです。それが自分のアイデンティティーなんだということがわかった。

一番驚いたのは、「オレってけっこういい人」ということを知ったことですね。これは子どもが生まれてから知りました。

それまで長いこと自分はエゴイストで、情味が薄くて、思いやりのない男だと思っていました。実際にガールフレンドたち全員からそう言われましたから。自分は人を愛することのできない男だと思っていました。もちろん一時的に熱を上げることはあるし、愛情が冷めてもそれをごまかして「好きなふりをする」くらいの演技力はあるけれど、そんなことは相手はお見通しで、「この人は人を愛することのできない男なんだ」と内心では思っているんだろうなあとずっと思っていました。それが、そうでもなかった。

子どもが生まれたときも、じつはあまりかわいいとは思わなかったんです。分娩室で看護婦さんに抱かせてもらっても、「ここでタイル張りの床の上に赤ちゃんを落としたら、すごく叱られるだろうな」としか思わなかった。「かわいい」なんて思う余裕もなかった。出産後もすぐに家に戻ると、2時間おきくらいに起こされて、授乳したり、おしめ替えたりするわけですから、最初の3週間くらいはただ「眠い」という以外に感想がなかった。

それが生後6週目くらいに、赤ちゃんをだっこしているうちに身体の奥底から「かわいい！」という情動がこみ上げてきたんです。生まれてから一度も経験したことのないような、抗しがたい、あふれるような愛情でした。「この子のためなら死んでもいい」と本気で思いました。

「この赤ちゃんの命とお前の命と、どちらかを選べ」と言われたら、何のためらいもなく「あ、僕が死にます」と言える気がした。ほんとに誰かにそう訊いて欲しかったくらいです。それと同時にこの子を守るためには、どんなことがあっても「死ぬわけにはゆかない」という覚悟と、相反する気持ちが同時に生まれた。

そういうものだと思うんです。「この子のためならいつでも死ねる」と「この子のためにも絶対死ねない」というのは、じつは同じひとつのことなんですから。

こういう葛藤は子どもを持ってみないとなかなか経験できません。自分が守らなければならないものを持たないと、自分の中にどういう人間的資質が眠っているかはなかなか発見できないものなんです。

他人とうまく暮らすには

「よくわからない人」だから素晴らしい

一緒に暮らしてみると、生活習慣が違いすぎて、やっぱりほかの人と一緒に暮らすのはなかなか難しいなあと感じます。他人とうまく暮らすコツってありますか？

結婚のおもしろみとは？

この人は自分とは違う人だと思っていればいいんじゃないですか。自分とは氏も育ちも違う人なんですから。起きる時間も寝る時間も違うし、食べるものも違うし、好き嫌いも違う。それが折り合ってゆけるような幅の広い、「ゆるい」空間を作り上げることが結婚生活の楽しみなんじゃないかな。

夫婦の思想や趣味が同じじゃないと気が済まない人がたまにいますけれど、それだとけっこうたいへんだと思いますよ。いいじゃないですか、違ったら違ったで。

新婚旅行にパリに行きたいという人とバリ島に行きたいという人が結婚して、折り合いがつかないからといって「ナカをとって江ノ島に行く」というわけにはゆかない。外交交渉じゃないんですから。

そういうときは、パリとバリ島と両方に行くか、パリに行きたい人はパリに行き、バリに行きたい人はバリに行くということでいいんじゃないでしょうか。自分とは趣味も考え方も違う人だけれど「そこがいいんじゃない」というふうに考えないと結婚生活は苦しいばかりです。

自分にはよくわからない人といっしょに暮らせるということが結婚のおもしろみなんです。

僕の奥さんて実に摩訶不思議なことを言ったりしたりします。僕がけっこう必死に仕事しているときに書斎に駆け込んできて「海外こぼれ話」の記事を読み上げたりする。どこかの動物園でパンダの赤ちゃんが生まれたとか。どうしてそれが今喫緊《きっきん》の話題にならなければならないのか、僕にはぜんぜんわからないけれど、ひとしきり記事を読み上げると満足して帰って行きます。そういうときに「結婚て、面白いなあ」としみじみ思います。

だいたい人間というのは自分が何を考えているのかだって、よくわかってないんですから。あなたが配偶者について「よくわからない」と思っていることは十中八九当の配偶者ご本人も「よくわかっていない」ことです。

ですから、「あなた、ほんとうは私に何を求めているの？」というようなことを訊ねてはいけません。そう訊かれて、即答できる人間なんて、この世にいません。

それよりは、その「よくわからない人」がいつも自分のかたわらにいて、いっしょにご飯を食べたり、しゃべったり、遊んだりして、支えが欲しいときには抱きしめてくれる。そのことの方がずっと感動的じゃないですか。

「だんだん似てくる」のが結婚生活の醍醐味

両方が言いたい放題、好きにしていても、一緒に寝起きして、同じ空間にいて、同じ空気を吸って、同じものを食べていると、不思議なもので夫婦はだんだん似てきます。ほんとに。

外形的なことが似てくると、中身も似てくる。一気に同化するのは無理ですが、一緒に呼吸していくうちにだんだんなじんでくる。気がつくと、まわりから見ると「よく似た言葉づかいをする人、よく似た身体の動かし方をする人、よく似た表情をする人」になってくる。

最初に似るのは「語彙《ごい》」です。だって、毎日顔を合わせて会話しているわけですから、自分のもともとの手持ちの語彙に存在しない単語でも、相手が頻用《ひんよう》していればいつのまにか自分の語彙に登録されます。それをつい他のところでも使うようになる。そして、語彙というのはある種の社会的態度と癒着していますから、それは配偶者の社会的態度を部分的に流用することにもなる。

結婚生活と言語ということを主題的に語る人って、あまり見たことがないですけれど、これはかなり決定的に重要なファクターじゃないかと思いますよ。二人で話しているときに配偶者のある一言で「話が決する」ということがありますね。すると、その一言の切れ味というか効き目というのはわが身にしみじみと実感される。

「今日パスタ食べたい」「え、パスタ？　う〜ん、パスタか……どうして？」「どうしても」というような会話があるとしますね（仮想の対話です。うちの話じゃないですよ）。この「どうしても」という一言の効き目が骨身にしみる。すると、よそで何かのときに「どうしてなんですか？」と訊かれて、うまく理由が思いつかないときに「どうしても！」と断定している自分を発見する……というふうに。

言葉づかいって「感染《うつ》る」んです。言葉と一緒にものの考え方や美意識や価値観も感染する。あくまで部分的にではありますけれど、感染します。そして、気がつくと、その夫婦は固有の「民族誌的因習」のごときものを共有するようになる。

そういう緩慢《かんまん》な近づき方でいいんじゃないかと僕は思います。二人のものの考え方や感じ方の共通点をいろいろ挙げて、「あ、ここも一緒、ここも一緒だね。僕たちぴったりだね」みたいなことを言っても始まらない。

そりゃ、共通点がまったくないよりはましですけれど、そんなものでは結婚生活の基礎は形成できません。結婚生活の醍醐味は「スタート時点で共有するものがたくさんある」ことによってではなく、「結婚する前は共有されていなかったものが、気がつくといつの間にか共有されている」という点にあるんじゃないでしょうか。

「愛の奇跡」とは？

それに、何十年一緒にいてもついに相手のことはわからないんですよ。どうせわからないんだったら、「わからない」ということを前提にして、宇宙人と暮らしているつもりでいた方がいい。

ふたりの距離はわずかだからそれをゼロにしよう、そう思って努力するのはつらいです。そうじゃなくて、二人の間には千里の隔たりがある、それを一生かかって七〇〇里までに縮めたいな、と。それくらい控えめな目標を掲げるといいんじゃないでしょうか。

だいたいみんな高い目標を掲げすぎです。そんな高すぎる目標はもちろん達成できません。だから、不充足感・不達成感を24時間ずっと感じるようになる。

英会話を勉強するときに、ネイティヴ・スピーカーのように話せるようになることを目標にしたら、よほど語学の才能に恵まれた人以外はストレスで潰れてしまいます。語学の才能のある人って、なんにも知らない言語でも、聞いているうちにその文法構造や音韻構造がだいたいわかっちゃうんですから、そういう人を基準にして語学の勉強なんかしてもダメです。目標はあくまで低く掲げる。目標をひとつをクリアーしたら、次の目標を考える。それでいいじゃないですか。

結婚生活も、お互いに死ぬほど愛し合っていて、くまなく理解し合っていて、毎晩めくるめくエロスの絶頂を経験して……というような関係でなければならないと思っていたら、保たないですよ。

よくラヴ・ソングの歌詞に「抱き合っていても、この人の心はもうここにない」というようなのがありますけれど、これは話が逆だと僕は思います。「心がここにない人」とでも「抱き合う」ことができる。「愛してる？」と訊くと「もちろんだよ」と笑顔で答えてくれる。それでいいじゃないですか！　なにを文句言ってるんですか！

理解も共感もできない人と、それにもかかわらず抱き合うことができる。お願いすると「いいよ」と答えてくれる。こちらも頼まれたことは「はいよ」とやってあげることができる。素晴らしいことじゃないですか。「愛の奇跡」というのはそのことを言うのだと僕は思います。

相手の気持ちが100パーセント自分に向かっていて、全身全霊をかけて自分を愛し、理解していることが確信されないと不満……というような人は悪いけど「愛」がなんであるかわかっていない。

あのですね、他者というのはとっても遠いところにいるんです。声も届かないし、手も届かない。その「遠いところにいる人」に触れることができる。その人の声を聴くことができる。その人を抱きしめることができる。それだけでみごとな達成だと僕は思いますよ。それ以上のことが起きたら、それは「ボーナス」だと思ってありがたく頂けばいい。でも、それはあくまで「ボーナス」なんです。それをめざしてはいけない。その手前をめざしてこつこつ努力していると、思いがけなくもたらされる（こともある）。それくらいがいいと思います。

「不出来な結婚生活」を「よりましなもの」にしてゆく

結婚生活にかぎらず他者との共同生活を適切に営む上でいちばんたいせつなことは「機嫌がよい」ということです。

高い目標を設定していると、いつもすばらしい目標とみすぼらしい現状の間の落差を思い知らされてイライラしたり絶望的な気分になったりする。イライラして絶望的な気分になることで人間のパフォーマンスが向上するということはありません。絶対にありません。目標を高く掲げれば掲げるほど、目標に到達する可能性は逓減《ていげん》する。そんなの当たり前のことです。

目標に到達したければ、とりあえずの目標を低めに設定すればいい。すると、毎日のように目標に向かってじりじりとにじり寄っていることが実感される。「ああ、がんばっている甲斐《かい》があるなあ」と毎日思える。当然、機嫌がよくなる。それだけパフォーマンスが上がる。ますます目標に近づく。そういう循環プロセスを作ればいい。

目標が達成されたら「じゃあ、次はこれ」と言って、また手近な目標を設定する。そういうふうなやり方のことを社会工学では「ピースミール（piecemeal）」と呼びます。煉瓦《れんが》をひとつずつ積むようなやり方のことです。「チェンジ」とか「グレート・リセット」とかいうやり方の対極にあるものです。とりあえずできるところから一つずつやってゆく。一気にすべてを実現する、一撃によって世界に正義と公正をもたらすというふうに考えると人間はろくなことをしないという歴史の経験則に基づいた考え方です。

結婚生活だって政治と同じです。理想的な、最高の結婚生活をいまここで実現しようと決意して、足元の現実を眺めるとどう思うでしょうか。「とりあえず、今自分が営んでいる結婚生活は、最高の結婚生活ではない」というふうに誰でも思います。新婚3日目くらいで頭に血がのぼっている人たちを除く99パーセントの夫婦がそう思うはずです。「これは私が生涯にわたって思い描いてきた理想の結婚生活そのものである」と確信を込めて言える人なんかまずいません。

でも、だからといって「じゃ、これ止めて、次行こうか、次」というふうになるのは愚かなことです。次だって同じなんですから。とりあえずはこの「不出来な結婚生活」をぼちぼちと「よりましなもの」にしてゆく手立てを考えるしかありません。

そのときの考え方も政治の場合と一緒です。政治運動の場合は、「来るべき理想社会をめざす政治運動は、その理想社会の萌芽的形態・雛形《ひながた》を今ここで実現していなければならない」ということがあります。

蟹《かに》は自分の甲羅《こうら》に合わせて穴を掘る。政治組織だって同じです。「自由で民主的な社会を実現する」という綱領を掲げている政党が、現在はその目標達成のために強権的で独裁的な仕方で組織されている場合、その政党が将来実現するのは強権的で独裁的な社会です。必ずそうなります。自分がいま属している組織の原理を拡大したものしか人間は実現できません。

ということは、「自由で民主的で平等で、みんなが愛し合い、尊敬し合っている社会」を実現するための政治組織は、今ここですでに「自由で民主的で平等で、みんなが愛し合い、尊敬し合っている組織」であるはずです。そうでなければならない。そういう組織にしか、「自分の甲羅と同じ模様の社会」を作り出すことはできない。

「機嫌のよい夫婦」を先取りする

結婚生活もそれと同じで、今自分が日常的に行っている夫婦間の合意形成システムを超えるような合意形成システムに基づく結婚関係を僕たちは実現することができません。絶対に。

もし未来に理想的な結婚生活を求めるなら、それは今ここで「先取り」しなければならない。「かたち」としては実現できませんけれど、「マナー」としては実現できる。あるいは「コンテンツ（中身）」としては実現できないけれど、「コンテナー（容れ物）」としてなら実現できる。

ここで言う「マナー」とか「コンテナー」というのは、そんなたいそうなものではありません。さきほどすでに申し上げました。「機嫌がよい」ということです。それだけ。

理想の社会に暮らす人たちが機嫌がいいように、理想の社会を実現しようとして結成された組織（革命党派とか）でも参加者全員が機嫌がいいはずです。もし、参加者たちが不機嫌であったり、怒っていたり、恨んでいたり、中で喉笛《のどぶえ》を掻《か》き切り合うような激烈な権力闘争が行われていたりしたら、その組織が実現する未来社会は、成員たちがみんな不機嫌で、怒っていて、恨んでいて、お互いの喉笛を掻き切り合うような社会になります。必ず。

僕は政治思想としては個人的にはアナーキズムが好きですけれど、その最大の理由は、アナキストたちには総じて「機嫌のいい人」が多いからです。例えば、カール・マルクスに比べると、ピョートル・クロポトキンはいつもご機嫌です。投獄されているときも、官憲を逃れて地下生活しているときもクロポトキン兄さんはだいたい上機嫌です。たぶん直感的に「悲愴な顔をして行った革命は悲愴な顔つきの人々ばかりからなる社会を作り出すことになる」ということをわかっていたんじゃないかと思います。

アナーキズムというとなんだか過激派暴力集団みたいなものを想像する人が多いと思いますけれど、違いますよ。クロポトキンの『相互扶助論』を読むとわかりますけれど、「アナーキー（anarchy）」というのは中枢的な統御機関がなくても、自律的にみんなが相互に助け合い、支援し合う仕組みのことです。市民たちが成熟していて、善意の人で、公正であることによって成り立つ社会です。

もちろん、現実の市民たちは成熟もしていないし、善意でもないし、公正でもない人たちをたくさん含んでいますけれど、そういう出来の悪い市民をデフォルトにして社会制度を設計するか、たとえ少数であれ「まともな市民」をデフォルトにして社会制度を設計するかでは、いまここで運動を担う組織のありように大きな違いが出て来ます。成熟した市民たちの相互支援・相互扶助の統治形態をめざす運動体は、それ自体が「成熟した市民たちの相互支援・相互扶助」の原理で貫かれた組織になる。そうでなければならない。

それを平たく言うと、「みんなが機嫌よく暮らせる社会を作り出すための運動体では、参加者みんなが機嫌よくなければならない」ということです。僕の政治思想（というほどたいしたものではありませんが）というのはひとことで言えばそれに尽くされます。

なんだかあっさりしすぎていて肩すかしを食らったような気がしますけれど（書いている本人も）、でも、やっぱりそうなんです。

で、結婚の話に戻りますけれど、理想の結婚生活って、要するにあれこれの条件がどう満たされたか満たされなかったのかは脇に置いても、要は配偶者同士が機嫌よく暮らしているる生活のことですよね。だったら、「機嫌よい」という点だけ先取りすべきでしょう。そして、それは先取りできるんです。

貧しくても、無名であっても、さまざまな物心の不如意《ふによい》があっても、とりあえず「まあ、何とかなるよ」とにこにこ笑っていられるような「機嫌のよい夫婦」によってしか「夫婦が機嫌よく暮らす未来」は築けない。当たり前のことです。

「一家団欒」の過ごし方

長い時間ふたりで同じ空間にいると、それだけで窮屈で仕方がありません。結婚に向いてないんでしょうか？

家族には秘密があって当たり前

そりゃあ窮屈に決まっています。狭い空間に二人でいるんですから、ひとりよりは窮屈ですよ。でも、それはお互いさまでしょ。どうやってニッチを「ずらす」か、それを工夫するしかありません。

「エコロジカル・ニッチ」という生物学の概念があります。一定の自然環境の中で複数の動物種が共生するためには、生活のかたちを変えるしかない。夜行性と昼行性、肉食と草食、地下生活と樹上生活、そういうふうにライフスタイルを「ずらす」。相手がいないときに、相手がいない場所で、相手がしないことをする。それが生物に備わった共生の知恵です。結婚生活も基本はそれと同じだと思います。相手がいないときに、相手がいない場所で、相手がしないことをする。それを自分の主務とする。そして、一緒にいるときはできるだけ相手の邪魔にならないようにする。

昔の家庭は家族全員がちゃぶ台を囲んで一家団欒《だんらん》をしていたのに、それに比べて今の家庭は……というようなことを言う人がときどきいますけれど、そんなことないですよ。

僕は「家族全員がちゃぶ台を囲んで一家団欒をする」家庭で育ちました。たしかに、夕食後1時間から1時間半くらいは「一家団欒の時間」なんです。居間を離れてはいけない。でも、それは家族全員がわいわいとおしゃべりをして笑いさざめいているというようなことではありません。

父親は夕刊を読みながら黙って煙草をふかし、母親はちゃぶ台の上に家計簿を拡げて算盤はじいて計算をし、兄はうんざりした顔で宿題をやり、僕は寝転んでマンガを読む。そういう無言の空間の中でときどき「梨あるけど、剝《む》く？」とか「おい、お茶」とかいう短い言葉が行き交う。そんなもんですよ、一家団欒なんて。

父親が帰ってくる寸前まで兄はラジオに耳をくっつけてFENのトップ40を聴いていたし、僕は電話帳をスティックで叩いてドラムの練習をしていたけれど、そういう個性的な時間の過ごし方は一家団欒タイムでは許されません。「何もしないでそこにいること」が家族への帰属の証明だったのです。

それでいいんじゃないかと僕は思いますよ（それにしてもこの本は「それでいいんじゃないかと僕は思いますよ」というフレーズが頻出しますね）。夫婦がそれぞれ勝手なことをしながら、お互いの邪魔をしないようにしている。ぼんやり無為な時間を過ごしている。それが一家団欒が成就している姿だと僕は思います。

家族全員が、それぞれ自分の悩みを包み隠さず語り合ったり、気の利いたジョークで爆笑したり、一つの話題で熱く語りあったりするのが「一家団欒」だと思っている人はひどい勘違いをしていると思います。そんな家庭ありません。あったらその方が異常です。

以前に「アダルトチルドレン」という言葉がはやったことがありました（もうあまり言

わなくなりましたね）。親がアルコール依存症とか家庭内暴力をふるうような家庭に育った子どもは精神を病みがちであるという（まあ、当たり前の）話でしたけれど、それについて書かれた本の中に「問題のある家庭」のチェックポイントがあり、そこに「家族の間に秘密がある」という項目がありました。僕はそれを読んで、どういう人間がこんな質問票を作ったのか考え込んでしまいました。

家族の間に秘密があるなんて当たり前じゃないですか。他の家族には言えない思いをあれこれ心の奥底に抱え込んではいるけれど、1日に1時間程度はみんな集まって「何もない」時間を過ごすことだけは欠かさないというのなら、それでもう立派な家族だと僕は思います。だって、家族全員が自分が思っていることを包み隠さず全部カミングアウトしたら、家族なんてたちまち崩壊してしまいますよ。

親しき仲にも礼儀あり。それは家族の心の中には「鬼が住むか蛇が住むか」わからないけれど、敬意を以て接するならば、それが発現してきてすべてがぶちこわしになるリスクを先送りできる。家庭崩壊のリスクを真剣に恐れる気持ちがある人は自分が思っていることをそのまま口走ったりしません。窮屈なもんなんですよ。他者と暮らすということは。

夫婦間コミュニケーションを巡る諸問題について

テディ・ベアでいいんです

パートナーが仕事の愚痴ばかりこぼすのでイライラします。いい加減に聞いてると、「ちゃんと話を聞いていない」と怒られます。

「ほんとに聞いてるの？」「聞いてる、聞いてる」

僕は人の悪口を言うのが大好きです。だから、うちへ帰ると、よそでは言えないような罵詈雑言《ばりぞうごん》を奥さん相手に言い募って、「毒出し」をします。いいんじゃないですか、そういうのも。「家の外の話をうちに持ち込まない」というのを「いいこと」のように言う人がいますけれど、僕はそんなのケースバイケースじゃないかなと思います。

だから、逆に奥さんが愚痴をこぼしても「ふーん、そうなんだ」と頷いていますけれど、話の中身をあまりまじめには聞いてません。先方だって別に僕に適切なアドバイスを求めているわけじゃなくて、「ひどい話でしょ?」「ああ、そりゃ、ひどいや」という相槌《あいづち》を求めているだけなんですから、さくさくと相槌を打っていれば特に問題はないんじゃないでしょうか。

愚痴を言っている相手の話を遮《さえぎ》って「え? 今なんて言ったの? 聞き取れなかったので、もう一度はじめから繰り返してくれるかな。厳密を期したいから」というようなリアクションは期待していないわけですよ。「どうしてそんなことが問題になるのか。歴史的経緯から説き聞かせて頂かなければ、君の言い分の当否についてはにわかには判じがたい」とか「そんな話、俺にしたってしょうがないじゃん。俺は君の仕事先に対して何の影響力も持ってないんだから」というような「正しいこと」を言ったら、愚痴を言っている方はますます不機嫌になるに決まっています。

ちゃんと聞いてなくて怒られるのはしかたないですよ。どういうのが「ちゃんと」なのかって基準があるわけじゃないんですから。愚痴をこぼす人は「アドバイス」が欲しいわけじゃないし、まして「それは君が間違っている」というようなことを聞きたいわけじゃない。「あ、そうなの。たいへんだね」という追認の言葉を欲しているわけですから、それさえ果たせば一応「話を聞いていた」ということにしてもらいたいですけど。

だから、愚痴をこぼしているときは、こちらは新聞をめくりながら「ふーん。そうなんだ」と言っていればいいんじゃないですか。「ほんとに聞いてるの？」って言われたら「聞いてる、聞いてる」って。「あ、そう。聞いてるのね。じゃ、5分前から今まで私が何を言っていたか、再現してみて」と言われたら、がばっと土下座して、「すみません。何も聞いておりませんでした」と謝ればいい。ふつうそんなこと言われないですよ（僕は一度だけ娘にそう言われたことがありますけど）。

だって、独身のOLなんておうちに帰ってから熊のぬいぐるみに向かって「ひどいのよ～、今日、課長ったらね」とか愚痴ってるわけですから（想像ですけど）。機能的には配偶者だってそれと変わらないんですよ。声を出すだけテディ・ベアよりましなんじゃないですか。いいじゃないですか、テディ・ベアで。話の途中でお酒が飲みたくなったら「すみません。テディ・ベア的に一杯飲みたい気分なんですけど、お酒飲んでいいですか?」って訊いて、風呂に入りたくなったら「ちょっとテディ・ベア的に毛が汚れてきたので、お風呂入っていいでしょうか?」とおうかがいすればいい。「よろしい」って許可をもらってからおもむろに立ち上がればいいんじゃないですか。

長く付き合っているうちにだんだん話を聞かなくなってしまうのは、だいたいが同じ話の繰り返しだからです。夫婦間の話って8割方は同じ話です。ほんとに。でも、それは「解決できない問題」だからこそ繰り返されているんです。話しているうちに「あ、それはこうすればいいんだよ!」とさくさくと解決策が思いつくような話なら誰だって注意して聞きますよ。でも、「あなたのその性格なんとかしてよ」というようなことは言われたって「はい、ではなんとかします」という訳にはゆかないでしょう。だから、同じ話の繰り返しになる。

たしかにたいへん根本的な問題を論じているわけではありますけれど、まさに根本的な難問であるがゆえにそこで一生懸命に聞いたからといってどうなるものでもない。最初にその話をしたときと同じ注意力をもって同じ話を100回目も聞いてねと言われても、それはちょっと無理。

どうして男性は、こちらが何か問いかけたときに、「別に」と答えることが多いんでしょうか？　「飲み会どうだった？」「別に」って……。

「報告」は愉しくない

「別に」でいいじゃないですか。

あのですね、配偶者に一日の出来事の詳細な報告を求めるのはよくないですよ。さっきも言いましたけど、「愚痴」があれば、言うんです。言えばいくぶんかは気が晴れるから。でも、「報告」って、しても別に愉しくないでしょ。

すごく面白いことがあれば、その気分を誰かと分かち合いたいから言いますよ。「いや、宴会でヤマダが興に乗って『鉄の鼎《かなえ》』をかぶって踊ってたら、大受けして。でも、脱ごうとしたら耳と鼻にひっかかって脱げなくなって。みんなで『えいや！』とひっぱったら、鼻がもげて、耳もなくなって。もうヤマダ泣いちゃって、たいへん！」というようなことだったら、家に帰ってまず妻に話すと思いますよ。それほどカラフルな出来事がなかったので「別に」じゃないんですか。

報告・連絡・相談を好む妻はときどきいますね。その日の出来事すべてについて報告を求める。「ただいま帰宅しました。報告します。今朝うちを出て出社、執務後、12時半から渋谷で昼食」「何食べたの？」「はい、幸楽のもやしそばです」「それから？」「はい、ラ イオンでお茶してから午後の業務に戻りました」。

こういう報告を好む人は、こちらのつく嘘がすぐわかるんです。「ちょっと待って。15時から16時の間について報告がないけど」「あ、飛ばしました？」って。

なぜか、そのときはたまたま昔の彼女と駅前でばったり会って「やあ、懐かしいねえ」とお茶して、電話番号聞き出したりしていたんですけれど、そういうときの「この話はとがややこしいから飛ばしちゃえ」と思った内心のちょっとした「よこしまな心」が先方にはわかるんです。

「その時間帯に何かあったんじゃないの？」「あ、はいはい。忘れてました。渋谷の駅前でばったり友だちに会ったんでした」「女の人でしょ」「……は、はい」「なぜそれを先に言わなかったの」「すみません。忘れてました」「私に言いたくないことだったからね。ふうん、その人あなたの昔の彼女かなんかじゃないの？」って。何でわかっちゃうんでしょうね。辣腕《らつわん》の検察官みたいです。

こういう「報告・連絡・相談」を求める配偶者は別に夫のルーティン的な行動に興味があるわけじゃないんです。そうではなくて、夫の報告の中にときおりまじる「ふだんとちょっと違う点」についての自分の高性能の感知能力の行使を楽しんでいるんです。

わずかな言い淀みや沈黙に「ぴん」と来る。そこに「自分に言いたくないこと」が隠されていることがなぜかわかる。女の人にはときどきそういう能力が異常に高い人がいますね。だから、その能力を発揮できるとうれしい。ご本人はうれしいかも知れないけど、感知されちゃう側としては、その能力を何か別の社会的に有用な仕事に生かして欲しいです。

7つの挨拶で家庭円満

できればお互いに愚痴をこぼしあったりせず、いつも機嫌よくしていたいと思うのですが……。

7つの挨拶ができれば「合格」

ひとつ具体的な提案を申し上げましょう。

夫婦関係は7つの挨拶ができればとりあえず「合格点」です。僕はそう思っています。

7つの挨拶というのは、「おはよう」「いただきます」「ごちそうさま」「いってきます」「いってらっしゃい」「おかえりなさい」「おやすみなさい」。この7つが言えていれば、家庭はほぼ円満です。この習慣がしっかり定着しているというだけで、家庭はもう十分に機能していると僕は思います。家族全員がこの挨拶を欠礼しないのであれば、とりあえずそれ以上は要求すべきではありません。

朝、起きたかなと思って「おはよう」と声をかけたのに返事がないとか、「行ってきます」と言ったのに誰も「いってらっしゃい」と送り出してくれないとか、逆にドアがガタンと閉まって、「あれ？　黙って出かけちゃった……」とかっていうのはけっこう傷つきます。仕事から帰ってきても、誰も「おかえりなさい」と言ってくれないのも寂しいですよ。

僕は一人暮らししていた頃は父親の遺影の前に手を合わせて「行ってきます」「ただいま帰りました」って挨拶していました。そういうことを言える相手が（幻想的にでも）いないと自分が何のために暮らしているのか、意味がわからなくなるんです。

遺影に向かって挨拶するのと、いまそこにいる生身の家族たちに挨拶するのって、本質的には同じことだと思います。逆から言えば、生きている家族たちもまた死者と同じくらいに遠い存在だということです。だから、挨拶するときには頭を下げたり、手を合わせたりする。そういうはっきりとした「敬意」を示さないと、相手に自分の思いが伝わらない。

それくらいに遠い人たちと暮らしている。その距離感を確認するのが「挨拶する」ということの本義じゃないかと思います。

距離感を大切に

大事なのは距離なんです。相手が「よくわからない人」だということを前提にして関係を構築していく。それがたいせつなんです。距離感のない人というのが一番困ります。

世の中には親しさや愛情は「距離感のなさ」で表現されると思っている人がたくさんいます。もしかすると、ほとんどの人がそうかも知れない。でも、相手に対して敬意を示さないことが、さらに言えば「たいへん失礼な態度をとること」が愛情表現や親しみの記号だと思っていると、とんでもないトラブルになります。

ある中華料理屋でお昼ご飯を食べていたときに、相席になった若いカップルが最初から最後まで、それぞれの選んだメニューやご飯の食べ方にうるさくケチをつけ合っているということがありました。どうも、二人はそうすることが「親しさ」の表現だと信じているようでした。相手に対してこんなに遠慮のない態度を取り合うことのできるオレたちってすごいでしょ、ということを、前に座ってひとりずるずるラーメンを食べている「孤独な中年男（僕のこと）」に見せつけていたんじゃないでしょうか。

でも、その過剰なまでの親しさの表現の結果、ご飯を食べ終わる頃には二人の関係はかなり険悪なものとなっていたようでした。僕はあの人たちの「親しい」関係があのあとも健全に持続したとは思いません。たぶんどこかの段階で「もう、いい加減にしてよ！」ということになったんじゃないでしょうか。僕だったらあんな間断《かんだん》ない罵倒にはとてもじゃないけど耐えられません。

敬意というのは要するに距離感の表明のことです。「あなたのことがよくわからない。だから、失礼があって、あなたが傷ついたり、あるいは激昂されたりすると困るので、遠くからそおっと言葉をかけます」というのが敬意の表現ということです。

白川静先生の『字通』（平凡社）によると、「敬」という漢字のもとのかたちは「羊頭の人（羌人《きょうじん》）の前に祝禱《しゅくとう》の器（サイ）を置くかたち」とあります。「羌人」というのは古代中国の辺境の部族のことで、祭祀《さいし》のときに「生《い》け贄《にえ》」にされた人たちです。その首を斬り落として流れ出る血を祝禱の器に受けるさまが「敬」です。そこから転じて神事祝禱にかかわるときの心構えのことを指すようになった。『論語』にある「鬼神は敬してこれを遠ざく」というのが敬の文字の典型的な使い方です。

つまり、敬意というのは、相手は「鬼神の類かもしれない」という畏怖に裏打ちされているということです。

きっと僕も奥さんからは「よくわからない人」だと思われていると思います。個々の言動の意味はわかっても、なぜ道場を作るのか、なぜ出不精なのか、なぜ「いやだいやだ」と言いながら本を書いているのか、講演を引き受けるのか、基本的なところはわからないと思います。僕本人がわからないんだから他人にもわからないのは、当たり前ですけど。

病人の生き方を肯定する

相手が体調を崩したときや精神的に不調のときには、どうやってサポートしたらいいですか？

病人に傷つけられるのも看病のうち

身体が弱っているときって、人間は自信をなくしているし、愛情に対してナーバスになっていますから、とりあえずはできるだけ優しくしてあげればいいんじゃないですか。

精神的に不調な人はどうしてもまわりの人を傷つけるようなことをしがちですけれど、「看病する」ということの中には「病人に傷つけられる」ということも含まれているので、それを勘定に入れて看病してください。

もし、ポイントを間違えて「よけいなことするな」と機嫌を損ねたとしても、そう言う「権利」を病人に無条件で賦与《ふよ》するのも看病の一部ですから。

自分が病人になったときのことを考えればわかると思いますけれど、病人というのは「わがままを言う」「文句を言う」「生産的なことを何もしない」「みんなに迷惑をかける」ことが「できる」ことによって治癒するわけです。病人に対して「わがまま言うな」「文句言うな」「何か前向きのことをしろ」「誰にも迷惑かけるな」というようなことを言うのは看病とはいいません。たんなる「余計なお世話」です。

相手は病気なんですよ。病気のときに聞きたいのは「がんばらなくていいんだよ」「もう努力しなくていいんだよ」という言葉です。病人は生きてるだけで必死なんですから、「それ以上」を求めて励ましてはダメです。激励というのは、元気のいい人を相手にするものです。

あと、「だいたいおまえは働きすぎだから」とか「暴飲暴食するから」なんて説教も禁物です。なぜ病気になったのかは本人が一番よく知っているんですから。本人が心の底から思って反省していることを「反省しろよ」と他人が言ってはいけません。

子どもの頃「そろそろ宿題やろうかな……」と思っていた矢先に母親から「あんた、いい加減宿題やりなさい！」と一喝されたりすると、「二度とするか」と思ったことありませんか。自分で心に思っている反省点を他人に指摘されると、「反省なんかするかバカヤロ」的な気分になってしまいます。

反省というのは、元気がよくて暇なときにするものです。「今日は暇だな〜。何かすることないかな。あ、そうだ。今日はひとつこれまでの人生の愚かな行動の数々を反省してみよう」って。反省というのは、そういうときにするものなんです。

早く治って欲しいとほんとうに思っていたら、病人が自己評価を下げるようなことは決して言ったりしてはいけません。

それより、病人の生き方を肯定するんです。「働きすぎなんだよ、おめーは」じゃなくて、「ほんとに一生懸命働いたからね。お疲れさまでした。身体が『休みたい』って言ってるんだから、ゆっくり養生してね」って言えばいい。だって、その方が早く治るんですから。

看病って「早く病気を治す」ためにやるんでしょ？　だったら、病人が一番早く元気になる方法を考えればいい。叱ったり、責めたりするのは治癒のためには何の役にも立ちません。

ルックスと才能をとにかくほめる

パートナーが自信をなくして落ち込んでいるときは、どんな言葉をかけて励ましてあげればいいでしょうか?

ほめ言葉こそが支えになる

自信を失った人が最後にすがるのは「ほめ言葉」です。なんでもいいです。
一番効くほめ言葉は容貌についてのほめ言葉です。「ルックスがいい」という言葉に対して強く抵抗できる人は男女を問わずおりません。とにかく適宜「きれいだよ」と言う。「嘘！」とか「白々しいこと言わないで！」とか言われても気にしない。どんどん続ける。

人はルックスについての自己評価をつねに高めに設定しております。でも、微妙に自信がない。頼りになるエビデンスがないですから。自信の支えは「きれいだよ」「かっこいいよ」という他者からの言葉だけです。そこを衝《つ》く。

これは慰めとかじゃないので、無文脈的に使われることになります。落ち込んでしょんぼりしている人の肩を抱いて、髪の毛をやさしく撫でて「きれいだよ……」とか「私のビューティフルボーイ……」とか、まあ適当な言葉を探して言って下さい。そんなのぜんぜん慰めにならないじゃないかと理詰めで考えちゃだめです。ほんとに効くんですから。なんでもいいからやってみてください。

もうひとつ、ほめ言葉で効くのは「才能がある」。

落ち込んでいる人には、ルックスをほめたあとで「あなたは才能があるから、まわりの人が嫉妬するのよ」というフレーズで畳みかけるのが効果的です。

なぜか多くの人は自分の失敗や他者からの叱責を「自分の才能が不当に低く評価されて

いる」ことの帰結としてとらえます。そして、その「不当に低い評価」の理由を「同性からの嫉妬」で説明する傾向があります。いくらなんでも、そんなことを口に出して言うのは恥ずかしいので、言いませんけれど、心の奥ではそう思っています。言葉にせず心の奥の方に押し込めてある。

そこを衝いて言語化してしまうんです。これは効きますよ。それに「嫉妬」は他人の心の中のことですから立証も反証もできません。そもそも「いや、そんなはずはない。誰も私の才能に嫉妬などしていない」と言い切れるほどに自己評価の適切な人物は、自信をなくして落ち込んだりはしません。

性的に成熟するとは？

結婚においてセクシュアルな要素というのはどのくらい大事なものですか？

できるだけ寛大に、にこやかに

そういう危険な質問への回答はできるだけ控えさせて頂きたいところですけれど。男と女ではセックスについて求めているものが全然違うんじゃないかな。女の人になったことがないので、わかんないですけど。たぶん違うと思う。

同性だって個人差がすごくありますからね。僕の性的妄想なんかたぶん共感度すごく低いと思いますよ。仮に僕が自分の性的妄想を全開させてばりばりとポルノ小説を書いたとしても、「何、これ? こんな話のどこが面白いの?」って読者からぜんぜん相手にされないような気がします。

男たちとだって共有できないくらいですからね、女性と性的欲望のかたちがぴたりと合うというようなことはあまり期待しない方がいいんじゃないかな。

性的な好みがぴったり一致した人とめくるめくエロスの絶頂を経験したいと身もだえするようなことはあまりしない方がいいと思います(もちろん、ぜひそういう経験をしたいという人はその方向に驀進《ばくしん》してもらっても僕はぜんぜん構いませんけれど)。

それよりは自分のパートナーが自分とまったく違う性的嗜好《しこう》であっても、それに対して「にこやか」に接するというマナーを身につける方がたいせつなんじゃないでしょうか。長い目で見たらそのことが「性的に成熟する」ということなんじゃないかと思います。

なにしろ、広義の「性欲」って有性生殖するすべての生物にあるわけですからね。ミミズだって、オケラだって、生殖するわけでしょ。万難を排しても「交接」を達成すべく彼らを駆動するものはやはり「欲望」と呼ぶ他ない。人間も固有の欲望に駆動されて「交接」するわけですから、生物学的には「似たようなもの」だと思います。

なんというか、セックスについては「ま、いろいろあるよね」でいいんじゃないでしょうか。他者の性的欲望や性的嗜好についてはできるだけ寛大になれる人が、たぶんご自身の性生活においても長期にわたって、それなりに愉快な時間を過ごせるんじゃないでしょうか。はい。

どうも、このトピックになると歯切れが悪くなりますね。苦手なんですよ。

記号より身体性を大切に

将来、セックスレスになるんじゃないかと不安です。彼が私に対して性的に魅力を感じなくなってしまったらどうしましょう？

もっとプリミティブで、親密な、性生活がいいと思います

男の性欲には「記号的」な要素が強いんです。いい車に乗っているとか、いい服着てるとか、いい時計しているとかと同じように「いい女を連れてる」っていうことを記号的に誇示したがる。それによって自分自身の男性的な「強さ」が表象されると思っている。それはパートナーの身体に対する「親しみ」とはあまり関係がない。

だから、パートナーを獲得するまでは激しく欲望が亢進《こうしん》するけれど、手に入れてしまうと、他の奢侈《しゃし》品と同じように、もっと欲望を喚起するものに目移りしてしまう。

記号的な欲望に軸足を置いた性生活の場合だと、それでだんだんと「変なこと」をし始めるんですね。鞭でぶったりとか。それは身体的にはいかなる愉悦ももたらさないのだけれど（痛いだけですからね）、脳内では激しい快楽が経験されたりする（らしいです。よう知らんけど）。

だから、性欲の構造が記号的な男の場合は（まあ、全員そうですけど）、「パートナーに性的な魅力を感じなくなる」と「記号の布置を変える」という挙に出るパターンが多いようです（「セーラー服着てみてよ」とか。チアリーダーの格好するというのは『ヒストリー・オブ・バイオレンス』でヴィゴ・モーテンセンの奥さんがやってましたね）。

現代人の性生活って、ほとんどが脳内妄想に依存しているような気がします。それをメディアが煽っている。当然だと思います。「セックス・マーケット」って、たぶん何十兆円規模の巨大な市場だからです。そこに日本の経済が相当に依存している。

であれば、パートナーと抱き合って、優しい声で低く語り合っていれば「けっこう十分です」というわけにはゆかない。それくらいのことで二人に満足されてしまっては経済が立ちゆきませんから。

化粧品でも香水でも勝負服でも車でもペントハウスでもシャンペンでも薬物でも、とにかくありとあらゆる資源を動員してでも「極上のセックス」を追求せねば止まず、となってもらわないと（そしてたちまち色褪せてもらわないと）経済的には困ったことになる。ＧＤＰに占める「セックス関連経済活動」の比率ってどれくらいなんでしょうね。僕たちの想像をはるかに超える数値じゃないかと思います。

経済成長のために性的欲望を亢進させるというのは、やり方としては効果的だと思います。それは認めます。バブル期のレストランとかホテルとかスキー場とディスコとか、ほんとに「それだけ」で保《も》っていたようなものですからね。でも、「それだけ」というのもちょっと寂しいですよ。

セックスってほんとうはもっと身体的なものだと思うんです。身体的親しみ。そっと触れてもらうとか、撫でてもらうとか、抱きしめてもらうとか、穏やかな声で話しかけてもらうとか、そういうフィジカルな、生理的な快感を人間は必要としている。そういうものがないと生きてる気がしない。肌と肌が触れ合うときの暖かさのようなものが人間には必要だと思います。それはぜんぜん記号的なものじゃなくて、もっと生物的なものです。

経済ともメディアとも記号とも無関係な、もっとプリミティブで、親密な、性生活があってもいいと僕は思いますね。

レヴィ＝ストロースの『悲しき熱帯』を読んでいると、アマゾンのインディオたちのパートナー同士の気づかいの場面が出て来ますけれど、「髪の毛を編んであげる」とか「耳掃除してあげる」とか「入れ墨を入れてあげる」とか、そういうゆっくりと時間をかけての身体的接触が、彼らにとってはとてもエロティックな経験みたいです。そういうのもいいと思いますけどね。

▼ウチダからの祝辞②

結婚生活を愛情と理解の上に構築してはならない

これから結婚生活を始めるお二人に私が申し上げたいのは、「結婚生活を愛情と理解の上に構築してはならない」ということです。

逆説を弄《ろう》しているように聞こえるかもしれませんが、これは私が半世紀生きてきて得た経験的な確信であります。

結婚生活にとって「愛情や理解」が不要であると申し上げているのではありません。もちろんそういうものがあれば、それに越したことはありません。でも、愛情や理解はその上に長く結婚生活を構築することができるような堅牢《けんろう》な基盤ではありません。

キリスト教の結婚の誓約では「貧しきときも富めるときも、健やかなるときも病めるときも」という条件を列挙しますが、私はこれに「愛情があるときもないときも、相手のことがよく解ったつもりのときも、さっぱりわからないときも」という条件を付け加えたいと思います。

私たちだって人間ですから、どれほど愛している配偶者に対してでも腹を立てることもあるし、イジワルしたくなることもあります。何を考えているのかさっぱりわからない時もあるし、ものの言い方が癇《かん》に障ることだってあります。

私がご提言するのは、それを結婚生活の「不完全さ」の徴候ととらえてはならないということです。そんなの誰にでもあることなんですから。

そもそも結婚というのは、ある程度の年齢に達したら多くの人は一応することができるという原則のもとに設計された制度です。「誰でもできる」ものにそれほど高度の人間的努力が要求されるはずがありません。結婚というのは本来「配偶者に対する愛も理解もそれほどなくても十分維持できるし、愉快に過ごせる」ということをデフォルトとして制度設計されたものです。私はそう考えております。

一つだけ具体的なご助言を申し添えます。

それは、相手のことがよく理解できなくても気にしない、ということです。

だいたい人間というのは自分が何を考えているのかだって、よくわかってはいないのです。あなたが配偶者について「よくわからない」と思っていることは十中八九当の配偶者ご本人も「よくわかっていない」ことです。

ですから、「あなた、ほんとうは私に何を求めているの？」というようなことを訊ねてはいけません。そう訊かれて、即答できる人間なんて、この世にいません。それよりは、その「よくわからない人」がつねに自分のかたわらにいて、いっしょにご飯を食べたり、しゃべったり、遊んだりして、支えが欲しいときには抱きしめてくれる。そのことの方がずっと感動的ではないかと私は思います。

これから長く結婚生活をしてゆく中で、お二人ともに、ふと、かたわらにいる配偶者の横顔を見て、「この人はいったい何ものなのだろう?」という疑問が浮かぶことがあると思います。「私はこの人のことを実はよく知らないのではないか?」と不安になることもあると思います。

そういう疑問や不安はあって当然なのです。でも、そのときには、そんな「よく知らない人」と、それなりの歳月を支え合って過ごすことができたという事実をこそ、むしろ「奇跡的なこと」として、心静かにことほぐべきであろうと私は思います。

かさねてご多幸をお祈りします。

家事という「苦役」について

「家事は快楽」だ

家事をどう分担するかでいつも揉めます。どうやって決めたらいいでしょうか？

公平な配分は不可能です

家事はエンドレスな苦役であって、それをどうやって夫婦間で公平に配分するのか、という発想をしているかぎり、もめ続けます。「苦役の配分」に、当事者全員が納得するような落としどころなんて見つかるはずがない。

「私は掃除をしたから、あなたは皿洗いしなさい」「おまえの掃除は部屋をまるく掃いただけじゃないか。俺の皿洗いは隅から隅までぴかぴかにしている。クオリティが違う」というようなことを言い出したらもう切りがありません。

家事労働というのはモジュール化できないし、数値化もできません。掃除が10点で、洗濯が7点で、アイロンかけが5点で、窓ふきが4点で……というようなことをして、同じ点数配分で家事をしようというようなことを思いつく人がいるかも知れませんけれど、絶対不可能です。誰もが自分が担当することになる家事労働の重さを過大評価し、相手が担当することになる家事労働の重さを過小評価するに決まってるんですから。やるだけ無駄です。

家事を厳密に公平に分割することはできません。不可能。ですから、それは考えない方がいい。

代案はいくつかあります。ひとつは、家事は妻か夫のどちらか片方が全部をやり、片方はまったくやらない、というのをデフォルトにする。

妻が家事労働を100パーセント担当する家では、妻がいなければ、夫はご飯も炊けないし、風呂も沸かせないし、自分のパンツも出せない、ということになる。これは家事をしなくてよい特権の代償として、家庭内でまったく無能になり、妻のアシストなしには生きてゆけない存在になるという事実を受け入れるということです。

専業主婦が基本であった時代でしたら、妻は経済力がなく、夫は家事能力がないという「割れ鍋に綴《と》じ蓋《ぶた》」での相互依存関係が成立しており、それなりにうまく回っておりました。でも、今はそうもゆきません。妻たちも夫と同じように仕事を持って外で働いている場合には、妻がその上家事を全部担当するということになると、これは身体が保ちません。

でも、「苦役の分配」のための不毛なネゴシエーションで傷つけ合うより、どちらか一方が「家事労働は自分の仕事」と思い定めて全部引き受ける覚悟でいた方が、身体はきついですけれど、心理的にはまだましです。あくまで「まだまし」ではありますけれど。

それにしたって仕事に疲れて帰って来たときに、配偶者が服をそこらに脱ぎ捨てたまま「ねえ、ご飯まだ〜」とか言ってたら、怒髪《どはつ》天を衝《つ》くということもあるでしょう。そういう事態はやっぱり回避できません。

もう一つのソリューションとして「家事は誰の担当でもない」というルールを採用するという手があります。

「ご飯作らなくちゃ」と思った人がご飯を作る。「部屋を掃除しなくちゃ」と思った人が部屋を掃除する。「布団干さなきゃ」と思った人が布団を干す。思い立った人がやる。絶対に「ねえ、あれやっといてよ」と命令したりしない。「ねえ、ごろごろしてないで手伝ってよ」とも言わない。思い立った人が自己責任でさくさくと行う。

その代わり、両方ともが「ご飯作らなきゃ」と思わなかったので「今日はご飯がありません」という日もある。部屋がいつまでたっても片づかずにカオス化してくるということもある。どちらも布団を干すタイミングを見出せなかったので、布団が湿ってくることもある。でも、それくらいのことは我慢しないといけません。

これを長くやっていると、阿吽《あうん》の呼吸でなんとなく「家に帰ったらご飯が作ってありそう」とか「ベッドにもぐったら布団がほかほかになっていそう」とか予測が立つようになります（はずれることもありますけど）。夫婦の呼吸が合わないといろいろ不便が多いシステムですけれど、苦役の分配についてのネゴシエーションをしなくて済むという一点で僕はこれをお薦めしたいと思います。

「掃除が大好きだ」宣言

さらにもうひとつ、奥の手があります。

それは「家事は快楽だ」という倒錯に進んではまること。どちらがより多くの快楽を獲得するのかを競い合う。発想を変えるんです。「家事は楽しい」と。そうすると「それ俺にやらせて！」「いやよ、私がやるの！」という奪い合いになるでしょ。

マーク・トウェインの『トム・ソーヤーの冒険』にこんな話があります。トム・ソーヤーがおばさんに塀のペンキ塗りを頼まれる。トムは遊びに行きたいのにペンキ塗りなんかさせられて不機嫌です。そこに友だちが通りかかった。トムは一計を案じて、口笛を吹きながらいかにも愉しそうにペンキ塗り作業をする。

通りかかった友だちは、その様子をぼんやり見ているうちに、ちょっと興味が湧いてきて「ねえ、トム、ちょっとだけその刷毛《はけ》でペンキ塗らせてよ」と頼みます。トムは「バカ言っちゃいけないよ。ペンキ塗りほど愉しいことをどうしてお前なんかにやらせられるかよ。らんらん、愉しいな〜」と作業を続ける。友だちはそうなると我慢できなくなって、「ねえ、お願い。ペンキ塗らせて。代わりにこのリンゴあげるから」とトムに懇願するに至ります。トムはしぶしぶ刷毛とリンゴを交換して、「まあ、せっかくリンゴももらったことだし、夕方までこの塀の全部にペンキを塗る権利を君に譲るよ」ともったいぶって言って、走って遊びに行きました。

という話です。これは苦役を快楽に読み換えるという高等技術の適用例です。

実際にそうだと思うんです。アイロンかけなんて、子どもの頃は「危ないから」って絶対させてもらえなかった。だから、一人暮らしを始めて、アイロンとアイロン台買ってアイロンかけをしたときはうれしかったですね。なんて家事って楽しいんだろうと思いました。今でもアイロンかけは大好きです。

よく切れる包丁でとんとんと野菜を刻んだりするのも好きです。これも子どものときはさせてもらえなかった。だから、ご飯作っているときに妻が「私が代わりに野菜を刻みましょうか」と提案してきてもたいてい断りますね。こんな楽しいこと渡せませんよ。

そういうふうに「大好きな家事」のリストをだんだん長くしてゆくと、不思議なものでほんとうに家事が楽しくなってくる。

だから、まず宣言するんです。「私は料理が好きだ」と宣言する。そうすると、「そうか私は料理が好きだったのだ」とほんとうに思えるようになる。家事の中では料理とアイロンかけと洗濯がけっこう楽しいんです。

難しいのは掃除です。家事の「苦役的部分」とは煎じ詰めると掃除だけと言っても過言ではありません。

だから、これこそ宣言するしかない。世界に向かって言うんです。「僕は掃除が大好きだ。部屋をさくさく掃除して、みるみるうちに部屋がきれいになるのを見るのが至福のときです」って。年賀状には「年末も大好きな煤《すす》払いが終わり、とても満ち足りています」と書く。もちろん履歴書にも「趣味：掃除と窓ふき」と書く。

他人に向かって公言して、誓約すると、まわりも「そういう人なんだ」と思ってすべてが動き出すんです。知り合いが「この掃除用具、すごく使い勝手がいいわよ」「窓ふきはこの洗剤よ」なんて言ってきてくれる。掃除用具話で盛り上がっている自分を見ると、自分は掃除が好きなんだとだんだん思うようになってくるんです。ほんとに。

実際、僕もブログに書いていました。「今年も暮れがやってきた。米朝の落語やビーチボーイズ聴きながら、カーペットのほこりを歯ブラシでこそいでいます」なんてあえて書くわけです。あれは宣言なんです。はじめから好きだったら、宣言なんかしませんよ。まわりに宣言しないとなかなかそうならないから、宣言する。

僕の家には半年に1回くらい「お掃除隊」が来て、掃除を手伝ってくれるんです。うちをしょっちゅう宴会で使っているから、その恩返しに。その人たちが手早く台所掃除したり、冷蔵庫をぴかぴかに磨いたりしてくれる。

それも僕が「掃除好き」だと宣言しているからだと思うんです。僕が掃除が嫌いで、「ああ、いやだいやだ、こんな仕事やりたくないよ」って言ってたら、やっぱり来てくれないと思うんです。僕が「掃除好き」と宣言しているからこそ「先生が楽しいことをやっているらしいから、行って一緒に遊ぼう」という気持ちになる。そうやってわいわい掃除をして、そのまま宴会に流れ込んでゆく。

男は記号的、女は実利的それぞれの秩序

その掃除や片付けが大の苦手です。彼にもよく叱られるんですが、どうしたら治りますか？

片付けられない人と片付けられる人

料理は好きだけど、部屋を片付けるのは嫌いという人は、女性の方が多いように思いますね。それはたぶん女の人のほうが持っている物の「カテゴリー」が多いせいじゃないで

しょうか。あのね、片付けられないのは、それが「何であるか」が判明じゃないからなんですよ。「分類しがたいもの」を抱え込んでしまうと片づかない。

「CDを1万枚持っています」という場合、それは全部「CDラック」という同じ場所に配列できます。数は多くてもカテゴリー的には1種類しかない。だから、それを置く空間さえ確保すれば片付けられます。本もそうです。だいたいサイズも同じだし、どの棚にどんな本を配架するかもルールを作って決められる。服もそうです。食器もそうです。

片付けられないのは「分類しがたいもの」です。人からもらったサルのぬいぐるみとかお香立てとか木彫りのクマとか、いったい何に区分してよいかわからず、とりとめもないかたちをしていて、そのくせ「かさ」だけはある、というものが片付ける上での最大の障害です。

でも、女の人は「そういうもの」がわりと好きなんですよね。人からもらうし、自分でも買う。たぶん女の人の方が「分類しがたいもの」を蒐集《しゅうしゅう》する率が高いんじゃないかな。

例えば「かわいいもの」というようなカテゴリーでものを買うのは圧倒的に女の人ですよね。でも、「かわいいもの」にはカーテンからぬいぐるみからティーカップから下着までぜんぶ含まれる。カテゴリーが違うものが並存している状態を「片づいていない」と言うわけですから、かりにその部屋にあるすべてのものが「かわいいもの」で埋め尽くされている場合、部屋はぜんぜん片付いていてないことになる。

それよりなにより片付けられない人の最大の苦しみは「捨ててよいもの」と「捨てられないもの」を区別できないということにあります。片付けがうまい人って、要するに「ものを持っていない人」のことです。方丈《ほうじょう》の庵《いおり》に机を一つ置いて、最低限の家具什器《じゆうき》だけ、服も夏冬一着ずつ、というような生活をすれば家の中はいつでもすっきり片づいています。でも、その境地に達するためには、とにかくものを捨てなくちゃいけない。片付けられる人というのは「じゃんじゃんものを捨てられる人」のことなんです。

まだ使えるかも知れないもの、もしかするとそのうち何かの役に立つかもしれないものでも平気で捨てられる人、それが片付け上手の人です。そういう人はそもそも「そのうち使うかも知れないもの」を買いません。人から「あげる」と言われても「要らない」と断れる。もしかするとそのうち必要になるかも知れないけれど、それはそのときに買うなり借りるなりして調達すればよい。それまでは要らないものなんだから、手元には置かない。

そういうふうに思い切れるのが片付けられる人です。

条件を大幅に引き下げる

僕の知っている人で家の中を「ゴミ屋敷」にしている人がいました。震災のあと、その家の片付けの手伝いに一度行ったことがあります。かなり立派な邸宅に一人住まいの女性でしたけれど、家の中のほぼ全部がゴミでした。生活できる空間（足の踏み場がある空間）は畳2枚分くらいで、あとは床から天上まで「何か」が積み上げられている。はじめは地震でいろいろなものが崩れて床に散乱しているのかと思いましたけれど、そうじゃない。震災前からそうだったんです。

押し入れには何十年前のものとも知れぬ湿った布団が詰まり、別の押し入れには何年前とも知れぬお中元お歳暮の食品が開封されぬままに腐り、風呂場にはクリーニングから戻って来た洋服が何十着となく掛けてあり（もちろんお風呂は使用不能）、庭に2棟「倉庫」があり、そこにも「あと何年か経つとゴミになりそうなもの」が詰め込まれておりました。腐ったもの、絶対に使えないものを半日かかって選り出してゴミ捨て場に運びましたが、その人は僕たちが捨てたものをじっと検分して、そのうちのいくつかは「まだ使える」と言って、ずるずる家の中に引き戻してしまいました。

そのときにこの人はたしかに「モノに内在する潜在的な使用可能性」に対してきわめて広々とした想像力を持っている人だということがわかりました。「こんなものでも何かの役に立つかも知れない」と思うと、どんなゴミにも有用性の「萌芽《ほうが》」を見出してしまうのです。だから、彼女の眼に「あきらかなゴミ」「100％無用のもの」というものはこの世に存在しないのです。

こういうのを「怠惰」とか「無精」と形容するのは間違っていると僕は思います。だって、感受性をフル回転させて、「他人から見たら無価値に見えるもの」のうちの潜在的可能性を引きだそうとしているわけですから、実際にはたいへんな努力をしているわけです。

それに、この「他人から見たら無価値に見えるもの」のうちに、かすかではあれ「いずれ開花すべき可能性の萌芽」を見出しうるというのは、ある種の才能と言うことだってできる。

例えば、教師というのはそういう才能が備わっている人にとっては適職です。まわりが「あんなボンクラ、使い道ないですよ」と評している子どもを見ても、「いや、この子には人知れぬ豊かな資質が潜在しているかも知れない」と思い込める人は良い教師になる可能性がある。まあ、あくまで可能性ですけれど。それでも、「断捨離《だんしゃり》」が得意な人よりは忍耐強い先生になる確率は高いはずです。

ゴミ屋敷の女主人はもと大学の先生でした。彼女が貯め込んでいたお中元お歳暮の品のうちのいくぶんかは卒業生たちからの贈り物だったのでしょう。賞味期限切れたけれど、教え子からの贈り物はゴミには出せない……というやさしい気持ちがゴミ屋敷を作り出してしまったのかも知れない。そう思って僕はしばらく感慨に耽《ふけ》ってしまいました。「部屋を片付けられない問題」というのはなかなか奥深いものだと僕は思います。

さて、ご質問は「部屋を片付けられない傾向はどうやったら治りますか」というものでした。

僕からのアドバイスは「捨ててよいもの」の条件をいまあなたが採用しているより大幅に引き下げるということです。例えば、「今から1年以内には使う予定がないもの」はすっぱり「ゴミ」に分類する。あるいは「過去1年以内に一度も使わなかったもの」は自動的に「ゴミ」に分類する。この二つの条件に基づいて家の中にあるものを捨てていったら、たぶんあなたの所有物は10分の1くらいになるはずです（もっと減るかな）。

もちろん、こんなアドバイスを聞いてすぐに「では、やってみます」と応じることができるような人はこんな質問してきませんよね。

うちの奥さんは、僕の物を「こんなところに放っておくな」と怒るくせに、そういう自分もいろんな物を出しっぱなしにするので腹が立ちます。

理解を絶した秩序を鑑賞すべし

あのですね、男性はわりとものを置くときに記号的に配列するんです。本はここ、ペンはここ、メモはここ、って、カテゴリーが優先する。でも、女性は、そのものが「何であるか」よりも「どれくらいの頻度で使うか」を基準にものを配列する傾向がある。だから、お茶碗と耳かきとティッシュと携帯の充電器とやかんが同心円状に配列されているというようなことが起きるんです。

これは外形的には「カオス」ですけれど、ご本人の整理感覚的には合理的な秩序をなしているわけです。欲しいものが手を伸ばすところにあるんですから。

僕の母方の祖母はそういう「自分の生理的な利便性」をカテゴリカルな整頓よりも優先させる人でしたから、テレビを寝転んで見ているうちに眠くなったらそのまま電灯が消せるように電灯のスイッチ（ひもでひっぱると消えるやつ）に細紐を巻いて、布団の上に垂らしていました。なかなかシュールな光景でした。母はそういう祖母に対してかなり批判的でしたけれど、祖母は自分の生理感覚や生理的欲求に基づいて自分の部屋の中のものを配列していた。ですから、その光景を一望的に見るとたしかに「乱雑」にしか見えないのですが、経時的に見れば「整然」としている。無駄がない。

昔、ある女の子（彼女じゃないですよ）の部屋を見せてもらったことがあります。するとみかん箱の上にトランジスタラジオとやかんが置いてあった。その二つのものの組み合わせが「解剖台の上のミシンとこうもり傘の偶然の出会い」のようにシュールに思えたので聞いてみたら、「夜中にトランジスタラジオで深夜放送を聞いている途中で水が飲みたくなったらやかんから飲むの」ということでした。別にシュールでも何でもなくて、きわめて実利的な配列だったのです。

ですから、奥さんが部屋を「散らかしている」というのは、男性であるあなたの一方的な決めつけであって、じつはそこには主観的にはある種の数理的秩序が貫かれている（かも知れない）のであります。

女の人がものを置く秩序については、あなたの理解を絶した秩序に従って構成された「都市」の風景を見ているようなつもりで「鑑賞する」という立場に徹することをお勧め致します。

結婚してからのお金問題

小遣い制は止めよう

妻から毎月もらえる小遣いが少なくて困っています。

互いの財布はブラックボックスに

あらら、そうですか。それは気の毒ですね。でも、小遣い制は止した方がいいと思いますよ。それぞれが自分のもらっているお給料の中から家計に必要な額を拠出して、残りの手持ちはブラックボックスにする。それぞれの年収がいくらなのか、いくら貯金があるのかはお互いに知らない。その方が健全ですよ。昔から、どんな家でも夫婦それぞれに「へそくり」っていうものがあったんですから。

夫の給料を全部把握して実権を握ろうとする奥さんもいますが、これも止した方がいいです。小遣いをもらっている男は、「奥さんから小遣いもらっています」っていう「ぱっとしない感じ」が日常の所作《しょさ》に出てしまうんです。その「貧乏臭さ」というのは、なんとも言いがたいものなんです。たしかにそれで家計が健全になって、貯蓄が増えたり、ローンが払えたりするんでしょうけれど、やっぱりよくないです。

だって、小遣いが月額2万円の男って、「ここはオレが払うよ」って言えないでしょ？言いたくても。でもね、世の中って、いつも割り勘じゃまずいんですよ。上の人は若い人にときどき（ときどきでいいんですよ）「ここはいいよ、オレが払っとくから」って言わないと。その分は自分が若い時に年上の先輩や上司から「いいよ払っとくから」って言って前渡しされているはずですから。すでに贈与を受けているんです。

だから、反対給付の義務がある。「お返し」しないとつじつまが合わなくなる。あなたが奢《おご》ってあげた後輩たちも、やがて歳を取ると今度は彼らの後輩に「オレが払っとくよ」と言う。そういうふうに循環しないとダメなんです。経済活動というのはそうやって回っているんです。

「後輩に奢っちゃった……」っていうと、きっと奥さんは「何よ、自分ばかりいいカッコしようとして」とその「外面のよさ」を批判すると思うんですけど、身銭を切っても「いいカッコする人」が一定数いないと社会は保たないんです。でも、いつも同じ人がやっているとその人の身が保たない。だから交替でやるんです。世代と世代の間で交替したり、あるいは同輩たちの間で役割分担しながら。

でも、この「ときどき奢る」ということの人類学的必然性って、なかなか配偶者に説明するのはむずかしいんですよね。

「ちょっと下」を基準にする

生活費がこんなに足りなくてどうしよう……っていつも困ってます。

身近な人を羨ましがらない

しょうがないですよ。それしかないなら。でも、「ある・ない」というのは相対的なことであって、自分が設定している「必要金額」を基準に採ると、「ない」ということになるんでしょ。必要金額の設定値を下げればいいじゃないですか。

僕なんて、自慢じゃないけど、「お金がなくて困ったこと」なんて、生まれてから1回しかないですよ。1回というのは、修論を書いてたときです。このときはほんとうに赤貧洗うが如しでしたね。家賃や光熱費のために必要最低限のお金が要るんだけれど、それ以上に論文を書く時間の方がたいせつだったので、バイトもしなかった。このときは借りられる限りのところからお金を借りました。

でも、「まじ、金がない」と思って困ったのはあとにもさきにも人生でその1回だけです。あとはいつも収入の範囲内で暮らしてましたよ。大学を出てすぐに無職になったけれど、まわりの連中がいろいろ気を使ってバイトを紹介してくれたりしたので、なんだかんだ言いながら、ちゃんと家賃払って、ご飯も食べて、ときどきお酒も飲んで、けっこう楽しく暮らしてました。

収入が10万円だったら、9万円で暮らす。15万円だったら、13万円で暮らす。月に1回とんかつを食べられるくらいの幸せが一番手頃だよって、その頃読んだ『美味《おい》しんぼ』に書いてあったけど、まさにそうでしたね。週に1回餃子と中華丼食べて、月に1回とんかつ食べて、それでけっこう幸せでした。

金に困ってる人というのは、単純に収入以上に使う人なんです。10万円しか収入がないときに12万円使う。だから、毎月2万ずつ足りなくなる。月に2万円というと、一日70

0円くらいでしょ。それって、そば屋に入って「たぬきそば」と言うべきところをつい「天ぷらそば」と言ってしまうというようなわずかな支出の積み重ねなんです。ほんとに。「ちょっと無理すれば買えるもの」を買っていると、雪だるま式に支出が増えるんです。

ご存じかも知れませんけれど、自己破産する人って、決してすさまじいお金の使い方なんかしてないですよ（『闇金ウシジマくん』っていう漫画を読むとよくわかります）。月々数万円くらいの不足が積み重なって、ついサラ金から借りて、気がつくと借金が1千万円を超えてしまった……というような「何に使ったのかわからないけれど、借金だけがある」という不条理なことなんです。

だから、そういう目に遭いたくなければ、いつでも収入のちょっと下のレベルまで生活水準を下げるしかない。生活水準を自分の収入に合わせていれば、金で困るということはまず起こりません。

みんな自分の経済的実力の「ちょっと上」を演じてしまうんです。そこが落とし穴なんです。というのは、僕たちの欲望を最も激しく駆動するのは、ごく身近な人だからです。自家用ジェット機に乗ってる超富裕層の人なんか全然羨ましくないし、ドバイの超高層マンションのペントハウスで美女を侍《はべ》らせたジャグジーでシャンペン飲んでるアラブの石油王なんかマンガにしか見えない。そういうのは羨望の対象にはならない。

そうじゃなくて、僕たちの羨望を激しく掻き立てるのは、いつも行くそば屋でこちらが「たぬきそば」を食べているときに「天ぷらそばにお銚子付けてね」というようなことを気楽に言える人とか、カウンターでこんにゃく囓《かじ》りながら焼酎飲んでるときに「バクダンと巾着と、あと純米酒を冷やでね」とか気楽に言える人なんです。ほんとに。

家賃3万円の風呂なしアパートに住んでいるときには隣の家賃4万5千円の風呂付きアパートに住んでいる人が切実に羨ましい。そしてその人の生活は「ちょっと無理すれば真似できる」んです。だから、気が緩むと、つい自分の経済的実力をちょっとだけ超えた消費活動をしてしまう。そういうものなんです。だから、みんな、ちょっとだけお金が足りなくなる。

自分の収入より「ちょっと下」を基準にして暮らせば、何の問題もないんですけれど、「それができたら苦労はないよ」ってね。

コップのふちから水をこぼさない努力

――結婚を続けるには？

自分が変われば、世界が変わる

結婚生活には倦怠期というのが付き物のようですが、たしかにずっと一緒にいたらだんだん歯車が合わなくなって、お互いに不機嫌になったりしそうで心配です。

自分の不調を配偶者のせいにしてはいけません

倦怠期ですか。むずかしい問題ですね。たしかに長く一緒に暮らしていると、相手に対する愛情にもアップダウンがあります。ものすごくいとおしいと思える時期もあるし、別にふつうというときもあるし、あまり愛を感じない時期もある。でも、その幅って、それほど大きいわけじゃなくて、どこかで底を打ったら、また親しみが増してくるものです。

危険なのは、自分自身が社会的にうまくいかないことを結婚関係とリンクさせて説明しようとすることです。

「この人と結婚さえしていなければ……」と仮想して、配偶者の無理解や無能を自分自身の不幸の原因にすると、もうダメです。だって、たしかにあらゆる自分の不調は配偶者の無理解と無能で「説明できる」からです。ほんとうに説明できちゃうんです。あまりに説得力のある説明なので、人間はそれに居着いてしまう。

ほんとうは自分の心身の不調には配偶者以外にもいろいろな原因があるんです。職場の人間関係がうまくゆかないとか、歯が痛いとか、体脂肪率が高いとか、ネクタイにソースのしみがついていたとか。

でも、そういうさまざまな微細な「不調」が加算されて、水がコップのふちからあふれそうになったときに、「最後の一滴」となるのが、だいたい家の中のいさかいなんです。

「おい、飯まだ出来てないのかよ!」とか「靴下そういうとこに放り出さないでって、何回言ったらわかるの！」とか、そういう一言で「ぶちん」と切れてしまう。

そうすると、すべての不調の唯一無二の原因が「配偶者の無理解と無能」に由来しているかのように思えてしまう。怖いです。

「自分はどうすれば機嫌がよくなるのか？」を考える

僕の経験から申し上げるなら、自分の心身の不調は無数の微細な不調の算術的総和によるものです。だから、ひとつひとつほぐしてゆくしかありません。

今日会ったら「昨日はごめんね」と職場の仲間に謝ろうと決意し、歯医者の予約を取り、「ダイエットするぞ」と心に誓い、出かけるついでにクリーニングにネクタイの「しみぬき」を頼んでゆく、というようなちまちました補正によって「コップのふち」までたまっていた水を、「コップのふちから指1本分」くらいまで水位を下げる。そうすれば、仮に配偶者から「心ない一言」が発せられても、「ぶちん」と切れるところまではゆかない。

そういうこまかい努力の積み重ねしかありません。一気に、全面的に、夫婦関係の危機を解消する方法なんかないのです。「ピンチ」というのは、「うまくゆかないこと」が束になって到来しているせいで、手が回らなくなった状態のことです。

ひとつひとつの「うまくゆかないこと」はそれほどたいしたことじゃないんです。ひとつだけ単品で登場したら、「はいはい」と手際よく片付けられるようなものなんです。でも、その数がある閾値《いきち》を超えると人間はパニックになる。だから、「うまくゆかないこと」の数をひとつひとつ減らしてゆく以外に手だてはありません。

配偶者との関係を穏やかで健全な状態に保とうと思ったら、まず「自分はどうすれば機嫌がよくなるのか?」について考える。

この場合、配偶者のことは忘れてください。配偶者がどうあれば私は上機嫌になるのか、というふうに問題を立ててはいけません。配偶者のことは脇において、自分はそれ以外のどういう条件がクリアーされると機嫌がよくなるか、それを考える。そして、それが実現するようにこつこつ努力して、「心ない一言」で「コップから水があふれる」ような危険水域に自分を持ってゆかないことです。

前に僕の知っている女の子が離婚しました。そのとき離婚を最終的に決意させたのは、彼女が風邪を引いて寝込んでいるときの「今日は外で飯食ってくるから、俺の支度はしなくていいよ」という一言だったそうです。

ご飯の支度はしなくていいよ、っていうのは、彼なりの愛情表現だったんだと思います。彼は彼なりに妻を気遣《きづか》っていたのです。

でも、彼女はそれで「ぶちん」と切れた。熱と喉の痛みで苦しみながら、彼女はベッドの中で「わたしのご飯はどうするの……」と苦悶したのだそうです。

話を聞いたときは「そうだよな〜」と深く共感しました。でも、よく考えると、その最後の一言が離婚への背中を押すことになったのは、それに先立ついろいろな前件があったからですよね。

例えば、彼女が寝付く前に、「なんだかぞくぞくする。明日あたり風邪で寝込みそうな悪い予感がする」と思って、仕事帰りに非常用の食料（アイスクリームとか果物とか）を買い込んでおけば、「わたしのご飯……」についてはとりあえず手当ができていたわけです。

「俺の支度はしなくていいよ」が致命的な一言になったのは、彼が「彼女の腹具合」についての想像力を欠いていたからです。でも、彼女が基本的に自分の食べるものは自分でなんとかする(配偶者を当てにしない)ということをデフォルトにして暮らしていれば、そのときだって、夫の想像力の欠如は(不愉快ではありますけれど)彼女に致命的なダメージを与えることはなかった。

まあ、そういうことです。いつだって綱渡りなんです。でも、「セーフティネット」を張っておくことはできます。

倦怠期をハッピーな状態に変えることは残念ながらできません。でも、それが致命的な結果に至らないように予備的な手だてを整えることはできる。そういうことです。

倦怠とは自己倦怠にほかならない

自分自身の人生が楽しいと、倦怠期は起きても、それほど致命的なものにはなりません。「倦怠している」人たちというのは、ある種の自己倦怠を病んでいるからです。自分で自分自身のありようにうんざりしている。

そして、その倦怠を自分の周囲の人間関係全体に拡大している。自分自身が日々新しい発見にわくわくしながら暮らしていたら、選択的に配偶者についてだけ「倦怠する」ということにはなりません。

倦怠というのは、申し訳ないけれど、自分で自分の人生に飽きている人間が感じることです。自分で自分の人生に飽きているのだけれど、それを認めてしまうと「後がない」ので、倦怠の原因を外部化して、「誰かのせいで人生に飽きている」というストーリーを作って、それにすがりついているのです。

そういう人が配偶者を捨てて「燃えるような恋」に陥ったりしてみても（そういうことが起こる可能性は非常に低いとは思いますが）、自分に飽きている人間は、結局——手に触れるものをすべて「黄金」に変えてしまったせいで、餓死しかけた神話の王様のように——手に触れるものすべてを「つまらないもの」に変えてしまうので、次の恋にもやっぱりすぐ飽きちゃうのです。

他者に対する好奇心は、自分に対する好奇心に相関する。これは指摘する人があまりいませんけれど、とてもたいせつなことです。自分の中にどんな「未知の資質」が眠っているのか、「未開発の資源」が埋蔵されているのか、それに対して真剣な好奇心を抱いている人は、まわりの人に「飽きたり」しません。

だって、自分が変わるごとに目の前にいる他者の顔もありようも一緒に変わるからです。

自分が変われば、世界が変わる。そういうものなんです。

相手を見て親を知る

近所に住む義理の親がなにかと干渉してきて悩んでいます。先日も義母が留守中に勝手に家に入って、雨が降ってきたからといって洗濯物をとりこんで、家に持って帰ってしまい、「あとで取りに来なさい」と電話してくるのです。この先、干渉され続けないためにはどうしたらいいでしょうか？

義理の親とは「遠い間合い」を保つべし

それはけっこう怖いですね。えーとですね、僕からのアドバイスは簡単です。「逃げろ」です。逃げるしかありません。

こういう相手と対話したり、交渉しようと思ってはいけません。先方が「よかれ」と思ってやっていることを「迷惑です」とカテゴリー変更させることはいわば相手の人生観の根本的な変更を求めることに等しいんです。そういうことはよほど影響力のある人が(姑が信仰している宗教の教祖さまとかが)言ってくれれば別でしょうけれど、ヨメが言っても話になりません。怒らせるだけです。

いいですか、ある年齢を過ぎた人間に「人生観を変えろ」と言うのは無意味なことです。言ってもいいけれど、問題をこじらせるだけです。あなたに対してよけい頑《かたく》なに攻撃的になるだけです。だから、逃げる。

母親という生き物の特徴は「自分のテリトリーからあまり遠くには出ない」ということです。これはなぜかそうなんです。遠くに逃げると母親はわりと簡単に子どもへの干渉を諦めます。不思議ですけど、そうなんです。

だから、母親の干渉を嫌う娘たちはよく海外留学します。女子の方が男子よりも異文化への適応力が高いこともあるのかも知れませんけれど、大きな理由は「遠くに行ってしまった娘」については母親が意外にあっさり干渉を断念することが経験的に知られているからだと思います。

これは義理の母親についても基本的には同じじゃないでしょうか。「遠い間合い」を保つ。できるだけ遠くにいて距離を保つ。会うのが盆と正月くらいであれば、よほど相性の悪い相手とでもなんとかなります。

相手の親がどんな人なのかも、結婚相手を見ればだいたいわかります。結婚する相手がちゃんとバランスのとれた市民的成熟度の高い人であれば、その親もだいたい「大人」だと思って間違いないです。子どもは身近にいる「大人」を見て自己造形しますから、親が「まっとうな大人」であれば、子どももだいたい「まっとうな大人」になります。

もちろん、親がめちゃめちゃだったせいで、子どもが異常にしっかりものに育つということもあります。でも、そういう「しっかりもの」の子どもは結婚する前に婚約者に対してちゃんと「うちの親めちゃめちゃだから、付き合わなくていいよ」と言ってくれるはずです。

結婚したあとトラブルになるのは、自分の親が社会的に見てどの程度「練れている」のか子どもに判断がつかないという場合ですね。子どもは「うちの親はふつうだ」と思っているけれど、外から見ると「ちょっと……」という例はよくあります。

結婚を決めかけていたけれども、相手の親に会ってみたら、これはヤバい、ちょっとやっていけなさそうだ、と思ったときはさっさと逃げていいと思います。

相手から「何でダメなの?」と訊かれたら、「あなたの親がダメ」と答えればいい。それで怒るようなら、いずれ結婚したあとに親がらみでもっとすごい修羅場が待っています。そう聴いて深く納得して「ううむ、やはりそうか。うちの親は変なんだね」と頷くようでしたら、親はともかくご本人はかなり人間的に「練れている」ので、配偶者としては適切であるということになります。

親のことでなにか言われたときに、ささいなことでも感情的になるか、「そうなんだよ、困っちゃうよな」と平然と対応できるかによって、人の社会的成熟度は考量されます。それを覚えておきましょうね。

諦めるか、別れるか、どっちかです

結婚相手に浮気されてしまったら、どうすればいいでしょう？　そんな人を選んでしまった自分が悪いんですけど。

「業の深い人」と結婚してしまったら

どうしたらいいんでしょうね。ふつうは浮気なんかしないいんじゃないですか。だって、嘘をつくのが面倒だから。

僕は正直ものですけれど、それはべつに「正直は美徳」だと思っているからじゃなくて、「嘘をつくのが面倒」だからです。浮気って、ひとつ嘘をつくと、それとつじつまを合わせるためにどんどん嘘を積み重ねてゆかないといけないわけでしょう。考えただけでうんざりします。

「今日、どこに行ってたの?」「え、あ。仕事の仲間とちょっとね」「誰と?」「え? 誰だっけな。ヤマダとスズキとかな」「さっきまで一緒だった人の名前がすぐに出てこないの?」「え? ほら、あいつら印象薄いから」「何の話だったの?」「え? 仕事の話」「なんで、私が何か訊くたびにいちいち『え?』って言ってきょろきょろ眼を泳がせるの?」「え? そう?」「嘘ついてるでしょ」「え? え?」「女といたのね」というような展開になることが(その先の破局的状況も)ありありと想像できるので、僕は嘘をつかないようにしているんです。

それに、これほどの目に遭う代償に見合うだけの、それほど巨大な快感が得られるんですか。とても、そうは思えない。浮気が止まらない男ってたくさんいますけれど、あれは何というのか「どうにも止まらない」わけで、積極的に快楽を追求しているというより、

「そういうシチュエーション」になるとほとんど義務的にシステマティックに女の子を口説いてますよね。そういうのを見ていると、なんか苦行に耐えているようにさえ見えることがある。

だって、それってほんとうに短期的な、場合によってはワンナイト・スタンドの出来事であって、後味の悪い別れ方をすることが目に見えているから。

でも、そういう人を見て「元気な人だな」とか「生き生きしているな」「羨ましいな」というふうに僕は思えない。何か重いものを背負っているような痛ましい感じがする。性的に過剰に活動的になることで何かを「相殺《そうさい》」しているように見える。

それで一時的に心が楽になるのなら、そういうソリューションもあると思いますから、別に僕は「止めなさい」なんて言いません。そんなのよけいなお節介ですから。

でも、結婚した後にも婚外での性的「索敵行為」がどうしても止まらないというのは、やっぱり「業が深い」んだと思います。ご本人だって、自分の行動をどうやっても制御できないんだから気の毒です。

だから、そういう「業の深い人」と結婚してしまったことについては「わが身の不明を恥じる」ということで仕方がないんじゃないでしょうか。「そういうもんだ」と思って諦めるか、別れるか。どっちかですね。

結婚生活の最後の支えとは？

逆に自分のほうが他の人を好きになってしまったときはどうしたらいいんでしょうか？

結婚は社会契約である

困っちゃったな。そういう相談ばっかりですね。基本的なことを確認しておきますね。結婚は一種の社会契約です。その点では借金の証文とかマンションの賃貸契約とかと同じものです。「月末までには払います」とか「壁に穴を開けたりしません」という契約条項があれば守らなければならない。守らないとまわりの人たちから「なんて非常識な人なんだ」と冷たい目で見られるのと同じです。

「貞節を守ります」というのは結婚という社会契約の第一条です。それを破ることは結婚契約を破ることです。それは市民としての「信義に悖《もと》る行為」と見なされます。それはもう当人たちだけのプライヴェートな問題ではなく、社会的な問題だということです。

みなさんお忘れのようですけれど、「姦通罪《かんつう》」という罪が近年まで刑法中に存在していました。婚姻は「私事」ではなく「公共的なできごと」だという社会的合意があったからです。結婚契約を破ることは「詐欺」とか「窃盗」とか「傷害」に類する犯罪だと思われていたのです。

日本の刑法にも姦通罪は1947年まで存在しました。韓国で姦通罪が違憲という判決が出たのはなんと2015年(!)のことです。「結婚は私事ではない」「結婚契約に違背《いはい》したものは処罰されて当然である」という考え方は人類史的にはそれだけ長い間支配的なものだったということです。

「そんなの関係ないよ。ふたりでどおんと盛り上がっちゃったんだから。そういうときに『社会契約』だとか『信義』だとか野暮を言うんじゃないよ」と言う方には「そうですよね」と言うほかありません。ま、ご自由に。

ただ、結婚は本来は「私事」ではないという人類学的な約束は忘れて欲しくありません。公共的な出来事だからこそ「結婚式」とか「披露宴」というものを行うわけです。プライヴェートな二人だけの愛が問題なら、人前で「貞節」を約束するような必要はぜんぜんありません。でも、それをしないと「世間が許さない」ということが現にあるわけですよね。

「結婚するけれど、二人だけのことなんだから、他人は関係ない。式も挙げないし、籍も入れないし、親戚や知人に告知もしない。個人的なことなんだから、ほっといてくれよ」という人もときどきいます。僕はそういうのもひとつの見識だとは思います。それがどれくらいのリスクを意味するものかわかっていてそうなさるなら、なかなか胆力のある生き方だと思います。でも、そういうことを言う人が自分の冒しているリスクを正しく考量しているかどうかについてはいささか懐疑的です。

「結婚は私事である」というのは真実かも知れません。でも、「それを言っちゃあおしまいだよ」というタイプの真実というのがこの世にはあるのです。

「国家は私事である」

「国家というのは私事である」とかつて言い切った人がおりました。福沢諭吉です。「立国は私なり、公に非《あら》ざるなり」

明治維新のあと、近代国家ができたそのすぐ後に、福沢はそう書いたのです(『瘦我慢《やせがまん》の説』)。国家というのは、「公的なもの」に見えるかもしれないけれど、じつは本質的に「私的なもの」なのだ、と。

国境線を適当に引いて、「こっちからこっちはうちの領土だ、入ってくるな」とか青筋立てて言うのは所詮《しょせん》「私事」である、と。国境だの国土などというものは、人間が勝手にこしらえあげた、ただの「アイディア」である。だから、自分の国はすごいぞ、偉いぞと鼻の穴から息を吹き出し、他国を侮《あなど》り、その不幸を喜ぶ人間たちが自らを称して「忠君愛国」とし、これを「国民最上の美徳」とするなんてバカみたいだ、と。

福沢諭吉の国家論なんて結婚とぜんぜん関係ないじゃん、と今思った人がいるかも知れませんけれど、じつはこれは同じ話なんです。

国家と結婚は、どちらも「私事」であるという点においては変わらない。「私事」であるのだが、あたかも「公的なもの」であるかのように偽装することがときには必要となる。「私たちの愛は死が二人をわかつまで永遠に続く至純の愛である。私たちの愛に余人の関与する余地はない」と言ってのぼせ上がっている幸せな二人を見て、冷静な人は「まあ、けっこうじゃないか」と呟きます。本人たちがそう思ってるなら、いつまでもそう思っていればいい。

でも、二人のこれまでのラヴ・ライフの一端を知っているものとして言わせてもらえれば、二人とも今の相手とは別の相手と結婚する可能性だって過去にはあったし、これからも「愛が終わって」、離婚する可能性だって(少なからず)ある。申し訳ないけれど、今あなたたちが営んでいるのは「たまたま結婚に至り着いた人たちの、一時的な同居生活」以上のものではない。できればいつまでも長く続いて「偕老同穴《かいろうどうけつ》の契《ちぎ》り」に達して頂きたいと私だって思う。思うけれど、結婚が暫定的な制度であることは否定できない。

結婚は私事なり。公に非ず。

でも、福沢の国民国家論にはその先があります。

たしかに国家というのは私念に過ぎない。でも、私念には私念なりの固有のリアリティがある。重みがある。厚みがある。命がある。歴史を振り返れば、開闢《かいびゃく》以来今日に至るまで、世界中の事相を観るに、「各種の人民相分れて一群を成し、その一群中に言語文字を共にし、歴史口碑《こうひ》を共にし、婚姻相通じ、交際相親しみ、飲食衣服の物、すべてその趣《おもむき》を同《おな》うして、自から苦楽を共にするときは、復《ま》た離散すること能《あた》はず」。

国家は想像の共同体に過ぎない。過ぎないけれど、それでも起居寝食を共にしているうちに人間「情が移る」ということはある。これまた人性の自然である。

福沢はそこでこう畳みかけます。ご案内の通り、国民国家なんてのはただの擬制《ぎせい》だよ。だがね、人間というのは弱いもので、そういうものにすがらなけりゃ生きていけないんだよ。その弱さを俺は可憐だと思うのさ。

「忠君愛国の文字は哲学流に解すれば純乎《じゅんこ》たる人類の私情なれども、今日までの世界の事情においてはこれを称して美徳といはざるを得ず」

立国・立政府といえども、本質的には私事である。個人の都合である。別にそこに国境線が引かれる必然性はない。そこに住む人たちが山向こうや川向こうの人間とは截然《せつぜん》と差別化される生物学的に別種の生き物だというわけではない。たまたま国境線がそう引かれたので、「同胞」と呼び合っているに過ぎない。

とはいえ、それはまったく無意味なことではない。「どちらでもよい」ことではあるのだが、「ここに国境線が引かれ、他ならぬ我々が同胞であることには必然性があった」と言った方が当人たちが生きやすいということがある。国家は人間が自己都合で作り上げた幻想にすぎないが、これをあたかもそこに存在する山や川や森のような自然物として悠久の昔からそこにあり、これからも永遠にそこにあると考えた方が、現在の世界情勢においては生き延びる確率が高い。そう見切ったのが福沢のリアリズムなのであります。

そういうのを「見立て」と言います。あるものを別の何かに意図的に錯認する。国家という幻想を自然物であるかのように錯認する。そういう自発的な倒錯がときには必要である、と。福沢はそう言ったのでした。

国の場合、国運が隆盛で、国境が安定的に確保され、景気もいいし、人心も安定しているというようなときは、別に大きな声で「国家は公的なものである」と言ってきかせなくてもよい。「国家なんて私事だよ。貨幣なんて幻想だよ。国民文化なんてイデオロギーだよ」とシニカルに笑ってみせても、特段の問題は起こらない。

でも、国運が衰微してくるとそうもゆきません。国力が衰え、中央政府のハードパワーが低下し、経済が低迷し、国民的統合が崩れ、富裕層の国外脱出が相次ぐ……というような破局的な事態に遭遇したときには、「国家なんか所詮は私的幻想さ」というような「正しいシニスム」は許されない。そういうときは、「間違った痩せ我慢」が要求される。よせばいいのに戦争なんか始めてしまって、ボロ負けしているときなんか、さらにそうです。

国運が傾き、もうおしまいかも……というときに最後の支えになるのは、「国というのは山や川や海のような自然物と同じく、ここに存在するリアルだ」という人が自分自身に対してつく確信犯的な嘘です。そういう人間だけが昂然《こうぜん》と頭をもたげて、破局的な状況にあって、同胞に手を差し伸べ、国に残されたわずかな資源を守り抜き、国を生き続けさせることができる。「我慢能《よ》く国の栄誉を保つものといふべし」です。

結婚のリアリズム

福沢諭吉は国の話をしているのですが、僕はこれを結婚の話のつもりで紹介しております。お気づきになりましたか。これまでの福沢の論の中の「国家」を「結婚」と置きかえてみてください。すると、こういう話になります。

結婚は私事である。けれども、家庭内で同じ言葉づかいをし、「家族の物語」を共有し、起居を共にし、飲食を共にして「苦楽を共にするときは、復た離散すること能はず」。たしかに結婚生活は想像の共同体に過ぎない。過ぎないけれど、生活を共にすれば「情が移る」のは人性の自然である。

結婚生活というのは、たまたま一時的にその場に居合わせた二人が形成するただの擬制に過ぎない。でも、人間というのは弱いもので、そういうものにすがらなけりゃ生きていけない。

結婚が一瞬で終わるか長く続くか、夫婦が信頼し合っているかどうか、そんなのはほんとうは偶然的なことに過ぎない。けれども、人間が生き延びるためには、結婚生活は本来は「信義」や「気づかい」といった美徳によって支えられているという「お話」が必要なのである。

「他ならぬ私たちが夫婦であったことには必然性があった」と言った方が結婚生活は愉快なものになる確率が高い。結婚はたしかに個人が自己都合で作り上げた幻想にすぎない。けれども、二人を結びつける絆《きずな》はあたかも自然物のごとく悠久の昔から「ここ」にあり、これからも永遠にあり続けると考えた方が、現在の社会情勢においては生き延びる確率が高い。これが結婚のリアリズムです。

結婚とは安全保障である

もう一度申し上げます。結婚は私事です。でも、それを当事者二人が恣意《しい》的に作り上げた暫定的な関係なんだから、どうしようとどうなろうとこっちの勝手じゃないかといって手荒く扱えば、すぐに壊れます。すぐに。

結婚生活が破綻しかけたときに最後の支えになるのは、「私たちの結婚生活というのはたまたま二人の合意によって成り立った暫定的な制度ではなくて、山や川や海のような自然物と同じく、存在すべくして存在しているリアルだ」という確信犯的な嘘です。

それができる人だけが、破局的な状況にあって、しっかり頭をもたげて、配偶者に手を差し伸べ、ふたりの家庭に残されたわずかな資源を守り抜き、結婚生活を生き延びさせることができる。「我慢能く国の栄誉を保つ」というのは、そういうことです。

結婚してるのに他の人を好きになっちゃったのですけど、どうしましょうというような寝ぼけた質問をしてくる人に僕が申し上げたいのは、そういう薄っぺらなことを平気で口にできるような人は、もともと結婚生活向きじゃないということです。

別に結婚しなくてもいいじゃないですか。誰を好きになっても、誰とセックスしても、誰からも文句言われない気楽な生き方をすればいいじゃないですか。なんで、「その上」結婚までしたいんですか？　僕にはそれがわからない。

結婚というのは最初に申し上げましたように「病めるとき、貧しきとき」に一気に路上生活者に転落しないためのセーフティネットです。安全保障です。相手が病めるとき、貧しきときに支援するという「社会契約」を取り結んだことによって、相手もあなたが病めるとき、貧しきときにお支えしますということになっている。

ほんとうはそんなにうまくゆかないかも知れません。そんなこと言っておいて、いざこちらが病気になったら「げ、看病なんか辛気《しんき》くさいから、やだな、離婚しようぜ」と言い出す配偶者だっているかも知れません（まあ、そういう人を結婚相手に選んじゃったご自身の不明を恥じる以外ありませんが）。

でも、とにかく結婚は本質的には破局的事態に備えた安全保障契約なんです。自分は永遠に病気もしないし、怪我もしないし、失職もしないし、いつでも好きなときに好きな人とセックスできると思っている人は結婚なんかする必要がありません。

結婚というのは、そういう人がするものじゃないんです。自分が「落ち目」のときに身銭を切って支えてくれる人を手元に確保するための制度なんです。いいですか、ここが肝《かん》腎《じん》なんです。自分が落ち目のとき、です。

自分が落ち目になっていて、もう力がない。それは言い換えると、配偶者に結婚という社会契約の履行を迫る実力がもうなくなっているということです。自分に力があれば、

「おい、ちゃんと牧師さんの前で『病めるときも貧しきときも』って約束したんだから約束は守れよな。守らないとそれなりの落とし前はつけてもらうぜ」と凄むこともできますけれど、もうへろへろなんです。

こっちが「はふ～、助けて～」という手も足も出ない無防備状態のときに安全保障の発動がはじめて要請される。だから、そのとき発動しないと困るんですよ。こっちは無力なんだから。配偶者に結婚契約の履行を迫るだけの社会的実力がなくなっている状態のときはじめて結婚契約の履行が切望される。

この逆説的な状況のうちに結婚の「味」は集約されていると僕は思います。このときに「ああ、結婚しておいてよかった……」と呟くことができるようになるために、その日のために、今結婚しているんです。

結婚は私事ではなくて、公共的なものであるということの意味が少しはおわかり頂けたでしょうか。結婚ははじめから公共的なもの「である」わけじゃないんです。公共的なものの「にする」ための日々の努力が結婚生活を支えているのです。はい。

あとがき

皆さん、最後までお読み下さってありがとうございました。

いかがでしたか。タイトルに偽りなしでしたでしょう。

元原稿に加筆するに当たって、ほとんど原型をとどめないほどに書き換えました。質問だけはオリジナルのままですけれど、回答はまったく違うものになっています。オリジナルの質問は結婚前の若い人の「結婚不安」にかかわるものが過半でしたので、僕の回答は「あれこれ心配する暇があれば自己陶冶《とうや》に励むように」といういささか教訓的なものになりがちでした。

若い人相手にはそれでもいいんですけれど、もう少し年かさで、すでに既婚者であり、日々「困難」に直面している方にはそれでは物足りない。そこで、加筆にあたっては、既婚者をも読者に想定して、「困難な結婚」のしのぎ方にも力点を置いてみました。

この本の中に「僕の知っている事例」として（もちろん匿名ですが）ご紹介させて頂きました（祝辞もふたつ載せました）何組かのご夫妻やご家族のみなさまにお詫びとお礼を申し上げます。また、長らくお待たせしたアルテスの鈴木茂さんと船山加奈子さんご夫妻にも遅延のお詫びを申し上げます。

そして、最後に、このような結婚論、家族論によっていくぶんか個人情報を公開されてしまった妻と娘に伏してご海容をお願い申し上げます。許してください。

2016年5月

内田　樹

内田樹 うちだ・たつる

1950年東京都生まれ。武道家（合気道7段）。思想家。神戸女学院大学名誉教授。東京大学文学部仏文科卒。2011年11月、合気道の道場兼私塾「凱風館」を開設。著書・共著に『困難な成熟』（夜間飛行）、『「意地悪」化する日本』（岩波書店）、『生存教室　ディストピアを生き抜くために』（集英社新書）、『街場の戦争論』（ミシマ社）、『街場の共同体論』（潮出版社）、『もういちど村上春樹にご用心』（アルテスパブリッシング）、編著に『街場の憂国会議』『日本の反知性主義』（晶文社）ほか、多数がある。

ARTES
artespublishing.com

困難《こんなん》な結婚《けっこん》

二〇一六年七月一〇日　初版第一刷発行

著者　内《うち》田《だ》　樹《たつる》

発行者　鈴木茂・木村元

発行所　株式会社アルテスパブリッシング
〒一五五-〇〇三二
東京都世田谷区代沢五-一六-二三-三〇三
TEL　〇三-六八〇五-二八八六
FAX　〇三-三四一一-七九二七
info@artespublishing.com

印刷・製本　太陽印刷工業株式会社

編集協力　大室みどり

イラストレーション　田渕正敏

ブックデザイン　折田烈（餅屋デザイン）

ISBN978-4-86559-139-2　C0095　Printed in Japan

アルテスパブリッシングの本

アルテスパブリッシングの本

魂《ソウル》のゆくえ
ピーター・バラカン
四六判・並製・二八八頁　定価：本体一八〇〇円＋税

〈いりぐちアルテス002〉
文化系のためのヒップホップ入門
長谷川町蔵、大和田俊之
四六判・並製・二八〇頁　定価：本体一八〇〇円＋税

【CDブック】
クレオール・ニッポン　うたの記憶を旅する
松田美緒
A5判・上製・八〇頁＋CD　定価：本体三五〇〇円＋税

ミシェル・ルグラン自伝
ビトゥイーン・イエスタデイ・アンド・トゥモロウ
ミシェル・ルグラン、ステファン・ルルージュ　髙橋明子訳　濱田髙志監修
A5判・並製・三〇四頁　定価：本体二八〇〇円＋税